책을 마케팅할 때 알아야 할 10가지

책을 마케팅할 때
알아야 할 10가지

**출판 마케터에게 꼭 필요한
마인드셋과 최소한의 업무 지식**

박창흠 지음

프롤로그

과거 출판 영업은 최종 편집, 디자인된 책을 많이 인쇄해서 서점에 많이 내보내고 수금을 많이 하는 것이 최고의 미덕이었다. 영업자는 굳이 원고를 읽지 않아도 일하는 데 전혀 문제가 없었고, 큰 어려움도 없었다.

그런데 시간이 지나고 환경이 변해가면서 출판 영업에도 마케팅의 개념이 도입되기 시작했다.

예전처럼 서점에 가서 거래처 담당자들과 원활한 관계를 유지하기 위한 활동을 하고, 각 서점별 결제일에 맞춰 방문해 돈을 받고 입금표를 써주는 루틴만으로는, 변화하는 환경에 맞는 새로운 경쟁력을 갖추기가 어려워졌다. 물론 당시만 해도 오프라인 서점이 많았고, 영업 관리만으로 매출을 유지할 수 있을 만큼 시장은 지금보다 나은 상황이었다. 서점 매장 내 광고라는 개념이 도입되기 전이어서 관계력만으로 분야 내에서의 확장 진열 및 다른 분야까지의 다중 진열을 통해 매출을 끌어올릴 수 있었다.

입사 후 영업부서 선배로부터 그러한 활동을 잘하기 위한 기술(?)을 전수받고 함께 다니며 거래처를 새롭게 뚫으면서 하루하루 바쁘게 보냈지만, 뭔가 업무적으로는 늘 아쉬움이 있었다.

그 아쉬움이란, 출판업에 대해서 좀더 체계적으로 배우고 전체 속에서 조망하고 싶은 욕망 같은 것이었는데, 당시에는 SBI 같은 출판 교육기관도 딱히 없었고, 현장에서 모든 영업자들이 경쟁적으로 일하기 바쁜 탓에 시간을 내어 교육받는 것보다 저녁에 따로 필요한(?) 영업을 하는 것이 더 낫다는 분위기였다.

다행히 『출판마케팅입문』 『출판기획의 테크닉』과 같은 참고할 만한 책이 있었고, 틈틈이 이런 책들을 보며 업무에 적용하기도 했다.

요즘은 SBI나 출판문화산업진흥원, 한겨레교육문화센터를 통해서 직원들이 출판에 관한 맞춤 교육을 받도록 적극적으로 독려하는 출판사도 상당히 많다. 그러니 중요한 것은 본인 의지의 문제라 할 수 있겠다.

이 책은, 업무용 가방 하나 들고 다니며 전국 서점을 누비던 출판 영업으로 시작해 창업 후 현재에 이르기까지 25년간 책밥을 먹으면서 경험한 한 줌의 깨우침을 부족하지만 나름대로 정리한 결과물이다. 출판 마케터들이 알아야 할 가장 기본적인 것들을 지루하지 않게 전달하려고 노력했다.

우리를 둘러싼 주변 환경은 지속적으로 바뀌고 새로운 도구들은 계속 출현해 쫓아가기도 힘든 상황이지만, 걷지도 못하면서 뛰어서 따라잡을 수는 없는 노릇이다. 그만큼 기본기는 충실하게 갖추고 있어야 하고, 아무리 강조해도 지나치지 않다.

기술이 발전하면서 e-북, 오디오북, 멀티북 등이 등장했지만, '종이책'이 여전히 출판사의 근간임을 우리는 알고 있다. 그런데 수많은 출판 관계자들은 종이책 시장이 점점 축소되는 모습을 보며 "출판은 매년 어렵다"고 말한다. 또 출판은 대표적인 '대세하향' 산업이라고 지적하기도 한다. 하지만 언제든 '틈새상향'의 매력이 있는 업이기도 하다. 우리가 이 일을 하면서 희망을 가져야 할 한 가지 이유다.

또 1인 출판사든, 업력이 오래된 출판사든, 대형 출판사든, 모두 똑같은 리그에서 자유롭게 경쟁하고 누구나 최고의 위치에 오를 수 있는 조건을 공평하게 가지고 있다는 사실도 현장의 마케터들은 인지해야 한다. 이는 어떤 출판사에서 일하든 마케터로서 자신의 실력을 인정받을 수 있다는 엄청나게 매력적인 기회 요소다. 따라서 '나는 소규모 출판사에 다니니까 해봐야 안 돼'라는 생각은 버려야 한다. 작은 조직의 신생 출판사들이 심심치 않게 시장에서 베스트셀러를 내고 있지 않는가!

때문에 나의 강점은 무엇인지 객관적으로 살펴보고 무엇을 보강해 나가야 하는지 명확하게 파악해야 한다. 거기서부터 새롭게 시작해야 한다. 그렇지 않으면 매일 하던 일을 그저 똑같이 계속하게 된다.

글을 쓰면서 이 책이 누구에게 도움이 될 수 있을까 생각해보니 업계에 처음 입문했을 당시의 나 자신이 가장 먼저 떠올랐다. 그러니 출판계에 발을 들인 신입 마케터에게 도움을 줄 수 있는 책이길 바란다. 또 현업에서 한걸음 더 들어가고 싶은 열정 넘치는 출판 마케터도 우선적으로 보면 좋겠다. 그들이 산발적으로 알고 있는 마케팅 지식에 체계가 잡히고, 업무의 조감도를 스스로 그려 나가는 틀이 갖춰지기를 희망한다.

마음은 언제나 잘하고 싶은 갈증이 있는데 조직에서

해야만 하는 닥친 일들을 쳐내다 보면, 어느덧 선배의 위치에 올랐어도 딱히 자신만의 무엇이란 게 없는 스스로를 보며 후회하기도 한다.

현장에서 고군분투하는 마케터에게 우리의 이 일이 결코 후지지 않고 재미있으며, 새로움을 추구할 가능성을 가진 의외로 멋진 직업이라는 걸 전하고 싶다.

영업자로 일하던 초창기 때 『가르시아 장군에게 보내는 메시지』라는 아주 얇은 책을 읽었다. 일에 대해 어떤 자세와 태도를 가져야 하는지를 알려주는 책인데, "때로는 어떤 일을 완수해내는 것보다 그 일에 대한 충성심이 더 값질 때가 있다"는 내용이 있었다. 동감한다. 그런 충성심으로 해내는 일이 가장 아름다운 것이고, 임무에 대한 충성심은 일을 잘 처리하는 유능함보다 훨씬 가치 있다.

물론 세상 이치는 그렇지 않다. 현실에서는 과정보다 결과가 더 중요하다. 그러나 충실한 과정이 있어야 결과를 부끄럼 없이 받아들일 수 있다.

흔히 "잘되면 다 운運"이라고들 한다. 그렇다. 일정 부분 맞는 말이다. 세상을 겸손하게 살아야 한다는 미덕도 가르쳐주는 듯하다. 실력만이 오직 결과로 연결된다면,

실력자들의 실패와 그렇지 않은 사람들의 성공은 어떻게 설명할 것인가.

또 잘되면 그간 했던 모든 과정들이 훌륭한 이유가 되고, 그렇지 않으면 그간 했던 과정들 때문에 안된 것이라고 생각하는 경향이 있다. 그러나 과정은 그저 묵묵히 일을 해내기 위해 필요한 것이다.

성공과 실패는 늘 종이 한 장 차이다. 잘됐다고 우쭐할 필요도 없고 잘 안됐다고 좌절할 필요도 없다. 전쟁에서 승리는 반복되지 않지만戰勝不復, 실패도 반복되지 않는다. 그저 다음 스텝이 기다리고 있을 뿐이다. 그러니 책이 잘 팔려 기쁜 상황을 맞이했다면 운이 좋았다고 겸허히 받아들이고, 반대의 경우라면 아직 운이 내게 오지 않았다고 편안하게 생각하자.

당신은 오직 현업에 최선을 다하고, 문제의식을 가지고 풀리지 않은 어려움을 해결하는 데 집중해야 하는 충실한 과정만을 준수하면 된다.

이 책이 그 길에 참고도서로서 유용했으면 하는 바람이다.

차례

프롤로그 5

① 비즈니스 아이템으로서 책을 보자 14
우리는 첫번째 독자(소비자)이지만,
공급자 관점에서 책을 이해해야 한다.

② 출판인의 마인드를 장착했는가 30
마케팅만 알아서는 반쪽조차 안 된다.

③ 콘텐츠 분석 능력과 전달 능력을 키워라 38
독자들은 왜 이 책을 왜 사야 하나?

④ 유통은 몰라도 된다는 착각을 버리자 72
책의 흐름 파악은 마케팅의 가장 기본이다.

⑤ 판매 반응을 차갑게 보자 80
투자해야 할 때인가, 멈춰야 할 때인가!

⑥ 판세를 읽는 눈을 키워라 102
전체 판에서 현재 상황을 판단할 수 있어야 한다.

⑦ 타이밍을 놓치면 안 된다 114
책이 판매될 때 나타나는 신호를 놓치지 말거나,
내가 정교하게 만들거나!

⑧ 개인 네트워킹은 선을 넘어도 된다 124
출판계 사람들과만 어울리지 마라.

⑨ 자신만의 분류 체계를 개발하자 132
누군가의 분석은 내 것이 아니다.

⑩ 마케팅은 상상력이다 144
WHY보다 WHY NOT이 더 중요할 때가 있다.

부록 | 출판사에서 일할 때 생각해봐야 할 3가지

① 언젠가는 회사를 떠나게 된다 152
기본적으로 출판사는 많이 비슷하지만,
조금씩 다르다.

② 작은 성공 경험을 만들자 160
자신감이 필요할 때 품고 있다 꺼내 써라.

③ 직職보다는 업業이다 168
생각하는 방향이 다르면, 일의 가치가 달라진다.

① 비즈니스 아이템으로서 책을 보자

우리는 첫번째 독자(소비자)이지만,
공급자 관점에서 책을 이해해야 한다.

우리는, 우리가 팔아야 할 아이템인 책을 독자 입장이 되어 객관적으로 읽어야 하는 1차 독자이면서, 동시에 마케팅 목표에 의거해 성공적으로 론칭해야 하는 공급자이기도 하다. 독자들은 각자 다양한 이유로 책을 구매한다. 우리는 시장조사와 콘텐츠 분석을 통해서 목표로 하는 타깃독자를 상정하지만, 그것이 언제나 딱 들어맞는 것은 아니다. 따라서 타깃독자의 구매를 기대했지만, 예상했던 매출이 전혀 일어나지 않는 경우도 있다.

출판사 마케터로서 책은 과연 어떤 속성과 물성을 가지고 있는지를 파악하는 것이 그래서 중요하다. 출판사 관점에서 책이라는 상품을 객관적으로 파악하고 시장에 어떻게 전략적으로 접근할지 스왓SWOT(강점Strengths, 약점Weaknesses, 기회Opportunities, 위협Threats) 분석을 통해서 한 단계 더 들어가보자.

① 책의 강점(S)

1. 소장 가치가 있는 고품격 아이템이다.
2. 때로는 꼭 그 책이어야만 할 정도로 대체할 수 없는 독점적 지위를 갖는다.

3. 즉흥적, 즉각적, 충동적 구매의 성격이 강하다.
4. 필수 소비재는 아니지만 필요하면 산다.
5. 독자에게 다양한 가치를 전달한다. (지식, 정보, 감성, 재미, 교육, 엔터테인먼트 등)
6. 수용성이 좋다.
7. 출판사 이미지나 브랜드가 덜 중요하고, 콘텐츠를 본다.

 책이라는 상품의 가장 큰 매력은 무엇일까? '어디서나 환영받는 수용성이 좋은 아이템이라는 것'이라고 생각한다. 종이책의 경우, 독자들은 종이 촉감을 통해 물성을 느끼고 이리저리 들춰 보며 소장할 수 있다. 비교적 적은 돈으로 누군가에게는 지식적인 측면을, 다른 누군가에게는 감성적인 측면을, 또 누군가에게는 재미의 측면을 충족시켜준다.

 그리고 어떨 때에는 꼭 그 책이어야만 하는 이유로 구매하기도 한다.
 내가 자녀의 교육에 관심이 있어서 공부를 좀 해야겠다고 마음먹었다면, 손쉽게 정보를 얻을 수 있는 유튜브 채널로도 충분할지 모른다. 또 책을 산다고 해도 자녀교육서는 주제별로 연령대별로 매우 다양하다. 그런데 오은영 박사를 좋아하고 그녀의 SNS 계정이나 채널을 팔로잉하는 사람들은 오은영 박사가 신간을 낸다고 하면 대부분 그 책을 구매할 것이다. 이때 독자들은 오은영이라는 저자의 명성과 콘텐츠를 보고 책을 구매하지 출판사를 보고 사지는 않는다.

단행본이 아닌 참고서나 수험서 등의 경우는 물론 다르다. 단행본도 고전의 경우, 같은 제목 같은 내용이면 독자들이 판단하는 기준은 각기 다를 것이다. 정가, 역자, 디자인 등등이 고려 요소가 될 수 있겠다.

여하튼 출판사 규모의 문제가 아니라 책의 콘텐츠 문제라는 것은 출판사에도 강점 요소다.

한편, 언젠가부터 독자들이 책을 살 때 예전보다 덜 고민하는 것 같다. 전체가 다 마음에 들지 않아도 나한테 확실하게 필요한 부분이 조금이라도 있으면 산다. 어디서 접했든 책의 매력 포인트가 각인되면 즉각적으로 구매하는 경향도 보인다. 이 모든 심리의 기저에는, 최악의 경우 중고서점을 통해 되팔면 된다는 생각도 자리 잡고 있는 것으로 보인다.

② 책의 약점(W)

1. 저가 상품이다.
2. 반복 구매가 어렵다.
3. 이슈와 경기에 민감하다.
4. 출판사에서 꾸준하게 독자 관리를 해도 매출에 직접적으로 끼치는 영향이 크지 않다.

책은 비교적 저가 상품이다. 그래서 강점이나 기회의 요소라고 반문할 수도 있겠다. 그런데 독자들은 책이 싸다고 사고 비싸다고 안 사는 것이 아니다. 필요하면 구매한다. 그러니 매출 관점에서 약점으로 봐야 한다.

2~3시간짜리 영화 1편 보는 비용이 1만4000원 정도인데, 한 번 읽고도 계속 소장할 수 있는 책은 상대적으로 저렴하다. 국내에서 판매되는 책값은 실제로 영미나 일본에서 판매되는 도서보다도 싸다.

책값은 싼데 한 번 구매하면 누군가에게 선물하지 않는 이상 반복해서 구매하는 경우가 별로 없다. 무엇보다 생필품이 아니다 보니 개인의 경제 상황이 좋지 않거나 사회적으로 경기가 어려워지면 아무래도 도서 구매비를 덜 쓰게 된다. 너무 당연하지 않은가. 누구나 먹고사는 것이 1순위니까. 지갑에 여유가 없으면 마음에도 여유가 생기지 않는 법이다.

각종 이슈에도 민감하게 반응하는 것이 책이다. 그러니 신간을 출간할 때 특정 시기에 맞춰 출간 일정을 잡기도 하고, 그 시기를 피하기도 한다. 이슈에 제대로 올라타서 잘나가는 책이 있는가 하면, 그렇지 못하는 책은 시장에서 외면당하기도 한다. 세상 어지러운 사건·사고들 또는 흥미롭고 재미있는 일들이 많으면, 뉴스나 유튜브, SNS를 들여다보지 차분히 책을 읽지는 않는다. 사람들이 무언가를 읽는 행태가 사라지지는 않겠지만, 그것이 책 아닌 다른 것으로 대체되고 있다. 이슈가 만들어내는 쏠림 현상으로 인해 덕을 보는 소수보다는 대다수가 외면받는 것이 현실이기에 책의 약점으로 볼 수 있겠다.

또 많은 출판사들이 출간 종수가 좀 쌓이게 되면 '북클럽 모델'을 생각한다. 혹은 북클럽까지는 아니어도 자체 홈페이지나 카페를 통해 자사의 책을 소개하고 콘셉트를 잡아 뉴스레터를 보내며 회원 관리에 신경을 쓴다. 그런데 출판사의 예상이나 목표만큼 성공하기가 쉽지 않다.

알다시피 책은 각자의 취향과 기호가 다 다르고, 특정 출판사에서 새 책이 출간된다고 해서 반드시 구매하는 것도 아니다. 필요한 책이라면 사겠지만, 특정 출판사의 회원이라고 해도 구색이 다 갖춰진 인터넷서점에서 구매하지 굳이 출판사 홈페이지나 카페에서 책을 구입하지는 않는다. 각 서점에서 주는 마일리지를 포함한 여러 혜택까지 감안하면 당연한 이치다.

 자사의 팬들을 모집하고 관리하는 부분은 출판사 서포터즈 개념으로 편하게 생각해야 한다. 지나친 욕심을 갖고 접근하기보다 기대를 내려놓는 것이 마음 편하다.

③ 책의 기회(O)

1. 책은 인세가 발생하는, 즉 원천 개발자가 있는 상품이라는 측면에서 보면 홍보와 판매 관점에서 기회 요소이다.
2. 오피니언 리더, 셀럽의 영향력이 매우 크다. 저자의 영향력이 크다면 좋겠지만, 그렇지 않아도 기회는 잠재한다.
3. 독자와의 접점이 다양하다.

4. 블록버스터급 타이틀은 만들어놓으면 오래간다. 모멘텀을 만들어야 한다.
5. 원소스멀티유즈OSMU(One Source Multi Use)가 가능하다. (신 부가가치 창출)

다른 산업과 다르게 출판업은 인세가 발생한다. 5장에서 상세히 다루겠지만 인세는 비용 측면에서 차지하는 점유율이 꽤나 크다. 저자의 원천 콘텐츠가 없으면 출판이 불가능하니 당연하다. 때문에 부분적으로 보면 상황에 따라 책의 강점이나 약점 요소로 넣을 수도 있겠지만, 전체적으로 보면 기회 요소로 넣는 게 합당하다.

다음을 한번 살펴보자.

책은 누가 팔까? 저자가 팔까? 아니면 출판사가 파는가?

먼저, 과거보다는 저자의 역할이 점점 중요해지고 있다는 점은 확실한 것 같다. 이런 경향은 팔로워가 많은, 즉 책을 출간했을 때 지지해줄 대기독자들이 많은 사람을 저자로 포섭하는 전략 때문인 것으로 보인다. 소위 팬들이 다 사고 나면 판매가 뚝 떨어지니 뚜렷한 한계가 있다는 출판인도 있지만, 콘텐츠 양질의 문제를 떠나서 초판1쇄가 충분히 소화될 정도의 판매 수준이라면 출판사 매출에 분명 도움이 될 것이다.

저자와 출판사는 비익조比翼鳥처럼 함께해야 하는 운명으로, 누가 판매의 영향력이 더 큰가를 논하지 말고 협력해서 앞으로 나아가는 파트너십이 필요하다. 책으로 데뷔한 저자가 출판 시장 밖에서도 활약할 수 있도록 출판사에서 기회를 만들 수도 있다. 그것을 통해 저자의 영향력이 커지고 넓어지면, 책 판매가 어찌 무관할 수 있을까.

나는 책이 출간되면 언론사 저자 인터뷰를 항상 염두에 둔다. 해당 언론사에서 이 저자를 왜 인터뷰해야 하는지 기자 입장에서 생각해보고 콘셉트를 잡아 제안한다. 모든 인터뷰 제안이 다 성사된 것은 아니지만, 성공적으로 진행되어 온·오프라인 신문에 기사가 나간 경우도 많았다. 인터뷰 기사는 저자와 출판사에서 또 한 번 바이럴하기 좋은 콘텐츠로 재생산할 수도 있다. 운이 좋으면 포털사이트 메인에도 걸려 널리 홍보할 수 있고, 인터뷰 기사이기에 저자의 만족도 또한 매우 높다. 책 판매에도 당연히 도움된다. 저자의 존재감을 세상에 알리는 것은 출판사에서 해야 할 중요한 일 중 하나라고 생각한다.

그리고 책을 구입하는 사람들의 구매 경로는 누군가의 리뷰, 언론사 서평, 서점 충동구매, 인플루언서의 추천

등, 살펴보면 매우 다양하다. 때문에 우리가 마케팅해야 할 범위 또한 그만큼 넓어야 한다. 그렇기에 책이 출간될 때마다 마케터는 프로모션의 4가지 요소, 즉 광고, 홍보, 판촉, 직접판매에 노력을 게을리하면 안 된다. 프로모션의 4가지 요소에 대해서는 뒤에서 자세히 다루겠다.

  책은 한번 베스트셀러에 올려놓으면 좋은 기회들이 자꾸 생겨 오래가는 스테디셀러로 전환되는 경우가 많다. 유명인들이 추천하는 경우나 각종 기관들의 추천도서 등도, 결국 대중들이 많이 알고 잘 팔리는 책이 뽑힐 확률이 높다. 물론 기관의 담당자가 판매 성적과 무관하게 소신을 가지고 밝은 눈으로 찾아 추천하는 경우도 있다. 매우 고마운 일로 이런 케이스가 더 자주, 더 많이 확산되어야 출판 문화가 건강해진다.

  OSMU는 책의 폭발성을 배가시키는 데 엄청난 역할을 한다. 좋은 콘텐츠는 드라마로 영화로 다시 제작되어 새로운 독자들을 생산해낸다. 다만 분명한 것은 그럴 만한 가치가 충분히 검증된 콘텐츠여야 한다. 대개는 흥행성 때문에 기존의 베스트셀러가 주요 대상이 될 때가 많다.
  예전에 '원소스멀티유즈'를 내세우며 위즈덤하우스(출

판사)—SBS(방송사)—쇼박스(영화 제작사) 3사가 1억 원의 상금을 걸고 '멀티문학상'을 제정했었다. 선정작을 책으로 출판하고, 드라마로 제작하고, 영화로 만들기로 합의하고 진행했으니 처음부터 OSMU를 철저히 염두에 두고 시작한 일이었다. 수많은 사람들의 관심 속에 대상을 받은 책이 출간되었으나, 정작 도서시장에서는 판매가 좋지 않았다. 그러니 드라마나 영화로 제작될 리 만무했고, 그렇게 멀티문학상은 제1회로 조용히 끝나고 말았다.

그렇다고 꼭 베스트셀러만이 OSMU로 연결되는 것은 아니다. 매년 개최되는 부산국제영화제BIFF에는 '아시아콘텐츠&필름마켓ACFM'(부산국제영화제 기간 중 열리는 원천 IP 거래 플랫폼이다)이라는 행사가 있다. 책을 포함한 웹툰, 웹소설, 스토리 판권을 영화나 드라마 관계자에게 세일즈할 수 있는 장터가 열리는 곳이다. 출판사 혹은 저자가 책을 접수하면 아시아콘텐츠&필름마켓 본부에서 자체적으로 선정하고, 선정된 책의 저자나 출판사에서 부산 행사장에 부스를 내고 행사 기간 동안 영화·드라마 관계자들과 미팅하면서 판권 거래를 위한 다양한 상담을 한다. 나도 창업 후 3번 참여했는데, 운 좋게도 1권이 영화사와 판권 계약을 맺기도 했다. (판권을 계약했지만, 영화 제작사의 사정으로 영화로 제작되지 못했다.)

물론 의지만 있다고 '아시아콘텐츠&필름마켓'에 다 참여할 수 있는 것은 아니지만, 이러한 기회가 있다는 사실을 최소한 만화, 에세이, 소설을 출간하는 출판사의 마케터는 알고 있어야 하며, 영화나 드라마에 어울리는 책이 있다고 판단되면 매년 접수해야 한다. 선정작으로 뽑히지 않더라도 영화나 드라마의 가능성이 있다고 판단되면, 비용을 들여 부스를 내고 참여할 수 있는지 방법을 찾아볼 일이다. 요즘은 영화도 개봉관보다는 소위 OTT 안방극장이 대세인 만큼, 넷플릭스나 디즈니+, 웨이브 같은 곳의 직접 투자에 의한 제작도 많아지고 있다. 그러니 다양한 방법으로 우리의 책을 영상으로 만들 수 있는 기회를 찾는 데 게을리하지 말아야 한다.

OSMU는 이처럼 출판 시장의 틀을 뚫고 나가서 새로운 분야의 소비자들과 만나는 것이니, 매출 확장의 기회가 생기는 것이다. 그러니 출판은 원천 콘텐츠를 생산하는 일이라는 자부심을 갖고 부지런히 두드려보자.

④ 책의 위협(T)

1. 중고서점이 유통 과정에 정착되어 있어서 C2C가 가

능한 환경이다.
2. 콘텐츠에 따라 동종 또는 이종 산업에서 대체 상품이 충분하다.
3. 인터넷, 음악, 영상매체, 게임 등의 환경을 감안하면 경쟁력이 떨어진다.

출판사 매출 관점에서 보자면, 독자들에게 필요한 책은 출판사 창고에서 배송되어 나가는 것이 바람직하다. 그런데 과거와 달리 당근마켓에서 소비자끼리 직접 거래하고 중고서점을 통해서 책을 팔고 사는 것이 쉬워진 구매 환경의 변화는, 독자에게는 매우 좋지만 출판 산업 측면에서는 위협의 요소로 볼 수 있다. 물론 예전에도 헌책방이 있어서 소비자가 구매한 책을 되파는 것이 불가능하지는 않았으나 접근성이 좋지 않았다. 지금처럼 온라인·오프라인 중고서점에서 또는 독자들끼리 편하게 팔고 사는 시스템이 없었기 때문이다.

책의 유통기한은 보통 언제까지일까? 식품처럼 먹어 없어지는 것도 아니고, 일부러 훼손하지 않는 한 고장 나 못 쓰는 물건도 아니니, 책 속 콘텐츠의 유효기간이 존속되는 한 실물이 유통되는 한계는 가늠이 잘 되지 않는다. 그러니 상·하수도 개념에 빗대어 보자면, 하수도 시장(중고서점 등)이 도서정가제 하에서 그 규모를 계속 키워가고 있다. 출판사에서 책을 새로 인쇄한 새 상품이 유통되는 것이 아니라 상수도 시장에서 한 번 팔린 책이 하수도 시장에서도 계속 순환되는 형국이다.

  또 점점 더 책의 대체 상품이 넘쳐난다. 예를 들어, 누군가 주식투자에 대해 알고 싶어서 주식 관련 책을 구입한다고 했을 때, 앞서 오은영 박사 책의 예에서 기술했듯, 특정 저자가 쓴 책이어서 구입한다면 그것은 강점 요소가 된다. 그러나 다른 저자의 주식 책으로 내가 필요한 정보를 충분히 얻을 수 있거나 유튜브 혹은 강의를 통해서 해결하는 경우라면 어떨까? 그래서 저자가 누구냐, 책의 콘셉트가 무엇이냐의 문제가 결국 중요한 것이다. 이러한 책의 위협 요소를 강점 요소로 전환시키는 능력을 가진 출판사들만이 앞으로 경쟁력을 갖고 생존할 것이다.

  책은 적극적인 의지를 가지고 읽어야 하고 시간도 오래 걸리는 반면, 휴대폰을 보거나 음악을 듣거나 OTT를 통해 영화나 드라마를 보는 것은 상대적으로 쉽고 즉각적인 만족감을 얻는다. 이런 경쟁력 약화로 인해 콘텐츠별 시간점유율 싸움에서도 책은 후순위 중에 후순위다.

[표1] 책의 스왓 분석표

	Strengths(강점)	Weaknesses(약점)
내부 역량	① 소장 가치가 있는 고품격 아이템이다. ② 때로는 꼭 그 책이어야만 할 정도로 대체할 수 없는 독점적 지위를 갖는다. ③ 즉흥적, 즉각적, 충동적 구매의 성격이 강하다. ④ 필수 소비재는 아니지만 필요하면 산다. ⑤ 독자에게 다양한 가치를 전달한다. (지식, 정보, 감성, 재미, 교육, 엔터테인먼트 등) ⑥ 수용성이 좋다. ⑦ 출판사 이미지나 브랜드가 덜 중요하고, 콘텐츠를 본다.	① 저가 상품이다. ② 반복 구매가 어렵다. ③ 이슈와 경기에 민감하다. ④ 출판사에서 수준하게 독자 관리를 해도 매출에 직접적으로 끼치는 영향이 크지 않다.
외부 환경		
Opportunities(기회) ① 책로 인세가 발생하는, 즉 원천개발자가 있는 상품이라는 측면에서 보면 홍보와 판매 관점에서 기회 요소이다. ② 오피니언 리더, 셀럽의 영향이 매우 크다. 저자의 영향력이 크다면 좋겠지만, 그렇지 않아도 기회는 잠재한다. ③ 독자와의 접점이 다양하다. ④ 블록버스터급 타이틀을 만들어놓으면 오래간다. 모멘텀을 만들어야 한다. ⑤ 원소스멀티유즈OSMU(One Source Multi Use)가 가능하다. (신 부가가치 창출)	SO 전략 강점 활용, 기회 대응 (적극 공략)	WO 전략 약점 보완, 기회 대응 (약점 보완)
Threats(위협) ① 중고서점이 유통 과정에 정착되어 있어서 C2C가 가능한 환경이다. ② 콘텐츠에 따라 동종 또는 이종 산업에서 대체 상품이 충분하다. ③ 인터넷, 음악, 영상매체, 게임 등의 환경을 감안하면 경쟁력이 떨어진다.	ST 전략 강점 활용, 위협 최소화 (기회 모색)	WT 전략 약점 보완, 위협 최소화 (생존 모색)

지금까지 설명한 것을 표로 정리했다.([표1] 참조)

스왓 분석은 외부 환경 분석에서 파악된 기회, 위협 요인과 내부 역량 분석에서 파악된 강점, 약점 요인을 매칭하여 각각의 전략을 도출하는 것이다. 따라서 책의 강점, 약점, 기회, 위협 요소를 적용시키면 책의 4사분면 전략 방식이 나올 수 있을 것이다.

그러나 우리는 출판 산업 측면에서 책의 답을 찾는 것이 아니라 각기 다른 콘텐츠의 단행본 도서를 마케팅하고 있으니 스왓 분석은 개별 책에 대한 마케팅 기획서를 작성할 때 요긴하게 사용하는 것이 좋다. 즉, 실제로 활용할 때는 마케팅할 개별 도서에 적용하여 S,W,O,T를 넣은 다음, 4사분면에 해당하는 각각의 전략을 도출하고 괄호에 해당하는 의미를 상기하며 우선적으로 집중해야 할 것은 무엇인지 파악해야 한다.

독자들에게는 그저 한 권의 책이지만, 우리는 공급자 관점에서 비즈니스 마인드를 가지고 그것을 다뤄야 하므로, 마케팅을 얘기하기 전에 개별 도서가 아닌 책이라는 상품에 대한 스왓 분석을 통해서 책의 속성에 대해 먼저 알아봤다.

② 출판인의 마인드를 장착했는가

마케팅만 알아서는 반쪽도 안 된다.

우리의 판매 아이템인 책의 속성에 대해서 살펴보았으니, 업業으로서의 출판에 대해서도 알아보자.

산업적 관점에서 단행본 출판은 크게 두 가지로 생각해볼 수 있다.

첫째, 벤처 산업이다. 단행본은 교과서가 아니고, 참고서도 아니다. 이 말인 즉, 책을 찍어낸다고 판매부수가 보장되지 않는다. 물론 대기독자들이 기다리고 있어서 일정 판매부수를 보장할 수 있는 인기 작가의 책도 있다. 그러나 대부분은 우리가 특정 타깃독자를 염두에 두고 콘셉트를 잡고 마케팅을 전개해서 책을 론칭한다. 그런데 초판도 팔리지 않고 사라지는 책들이 얼마나 많은가.

또 책 한 권을 만들 때에는 목돈이 들어가고, 책이 출간되어 초반에 베스트셀러가 되고 많이 판매되지 않는 이상 매출로 회수되는 돈은 푼돈 또는 그 이상을 약간 상회한다. 그것도 제작처, 외주처에 지급해야 하는 돈과 비슷한 시점에 회수하거나 더 늦게 받는 경우도 있다. 그래서 충분한 벤처 마인드가 있어야 하는 업이라고 할 수 있다.

둘째, 흥행 산업이다. 초판1쇄 팔기도 어렵다는 아우성 속에서도 잘되는 출판사 또한 분명히 존재한다. 그리고 책이 시장에서 잘되면, 겹경사로 좋은 판매의 기회들이 추가로 생기게 된다. 리스크도 분명히 있지만 리턴도 확실한 것이 단행본 출판이다. 요란한 흥행도 있지만 조용한 흥행도 꽤나 존재한다. 베스트셀러가 모두 스테디셀러로 전환되는 것이 아니듯, 베스트셀러는 아니었지만 스테디셀러로 꾸준하게 판매되는 책도 있다. 어떠한 경우든 출판사에 캐시카우Cashcow 역할을 하는 책이 없으면 출판사의 사정은 어려워진다.

위와 같이 벤처와 흥행 산업 측면에서 단행본 출판업의 속성을 파악할 수 있기 때문에, 마케터는 이 부분에 대한 충분한 이해가 필요하고 조직 안에서도 전체적인 기획과 경영을 살펴보고자 노력해야 한다.

마케터는 마케팅만 잘하면 되는 것일까?

일을 하다 보면 인접 부서와의 업무 협업이 많은 파트가 마케팅 부서다. 어느 조직이든 매출이 제일 중요할 텐데, 그렇다면 조직 구성원 누구와도 업무적으로 겹칠 수밖에 없다. 아침에 출근하면 제일 먼저 거래처 주문내역을 보고 출고와 관련된 일을 우선적으로 한다. 출고 관련 지원팀이 있다면 일상적인 업무이기에 시스템화되도록 소통을 잘해야 할 것이다. 건건이 들여다보지 못하는 상황이 발생할 수도 있을 테니 말이다.

신간이 출간될 즈음에는 에디터, 디자이너와의 협업 및 회의가 일상이다. 그들이 하는 일의 세세한 부분까지는 아니어도 전체적인 업무 흐름을 이해하고 인지하고 있어야 한다. 그래야 불필요한 충돌을 막고 생산적인 결과를 만들어낼 수 있다.

창고에서 물류 관련 일이 어떻게 이루어지는지도 반드시 알아야 한다. 거래처와 장부를 맞추는 일이나 이벤트 물량 같은 특수한 경우에는 창고의 업무 협조가 필수이기 때문이다. 이렇듯 내 업무와 타 부서의 업무를 제대로 이해하고 있어야 마케터로서의 역할도 잘할 수 있다.

여기서 한발 더 나아가 일을 할수록 마케터의 시각을 확장해 출판인의 관점을 가져야 한다. 출판계에서 오래 있다 보면, 때로는 마케팅이 아닌 다른 일을 하게 되는 순간이 있다. 이럴 때는 투덜대기보다 오히려 긍정적으로 생각하는 것이 좋다. 출판 안에서 이루어지는 다양한 업무를 경험할 더없이 좋은 기회다. 창업 후 돌아보니 나도 세 군데 출판사를 다니면서 겪었던 그 당시의 다채로운 경험이 매우 소중했다는 사실을 깨닫게 되었다. 마케팅 업무만 알면 반쪽짜리도 안 된다.

너무 당연한 얘기지만, 출판에서 핵심은 '기획'이다. 마케팅 활동만으로 책의 판매부수를 올리는 것은 사실 한계가 있다. 콘셉트를 예리하게 잡고 편집력과 디자인이 뒷받침되어도, 어떤 책을 출간할지를 최종 결정하면 그 책의 판매 사이즈가 대개 예상되는 경우가 많다. 그렇기에 출판 기획은 신중해야 한다. 현장의 최전선에 있는 마케터의 역할이 그래서 중요하다.

때문에 회의 테이블에 올라오는 출판 기획 아이템에 대한 차가운 분석이 필요하며, 때에 따라서는 기획 아이템을 직접 제안할 수 있어야 한다. 서 있는 곳이 다르면 보는 것도 달라진다. 마케터로서 나의 포지셔닝에 기획 모드가 늘 장착되어 있어야 한다.

과거에 "편집자가 창업하면 잘될까, 영업자가 창업하면 잘될까?"라는 우스갯소리 있었다.

편집자의 경우 기존에 책을 출간했던 저자와의 관계성을 바탕으로 새로운 원고를 받아 쉽게 창업할 수 있다. 이것은 지금도 유효하다.

또 영업자가 창업하면 편집자 출신보다 성공하기 쉽다는 얘기는, 전국적으로 서점 수가 많고 도·소매나 특판 등의 상황이 좋았던 호시절에 시작되었다. 속된 말로 도매상에서 투자도 하고 잔고도 좀 여유 있게 봐주고 납품 거래처도 원활하고 서점 진열도 (지금처럼 광고가 아닌) 영업력으로 가능하던 시절의 이야기다. 즉 출판의 기획 관점이 아닌 영업 인프라를 어떻게 활용해서 성공할 수 있느냐 하는 어리석은 질문인데도, 여전히 업계 내에서 저런 질문을 하는 경우가 왕왕 있는 듯하다.

에디터 출신이든 마케터 출신이든 각자의 영역에서 가진 전문성으로 독립하더라도, 출판사를 창업한다면 그 중심에는 '기획'이 있어야 한다. 요즘은 마케터 출신 창업자도 저자와 좋은 관계를 쌓아 새롭게 기획하고 원고를 받는 일이 흔하다. 많은 출판인들이 창업 후 걸어가는 길을 보면 결국 자기 경험을 바탕으로 하게 된다. 따라서 각자가 일하는 출판사에서 직장생활을 어떻게 보내느냐는, 미래를 좌우하는 문제라고 하겠다.

이제 더 이상 출판 기획은 에디터만의 전문성이 아니다. 오히려 마케터에게 많은 강점이 있다. 쏟아지는 신간의 동향, 베스트셀러의 흐름, 독자들의 반응 등은 현장에서 더 잘 읽을 수 있다. 외서도 에이전시의 뉴스레터를 참고하거나 아마존닷컴, 아마존재팬 등에서 흥미로운 타이틀을 찾아 에이전시에 역으로 판권을 문의할 수도 있고, 번역기는 점점 좋아지고 인공지능까지 비서로 쓰는 세상이니 큰 어려움 없이 시도할 수 있다.

그렇기 때문에 마케터는 출판인의 마인드로 업무에 임해야 한다. 향후 창업까지 준비해야 하기 때문에 그래야 한다는 얘기만은 결코 아니다. 마케터의 출판 기획으로 현재의 출판사가 새로운 부가가치를 만들어낼 수 있고 그것을 인정해주는 조직이라면 어떨까? 지금 당장은 아니어도 언젠가 기다렸던 기회는 반드시 온다.

요즘 자기계발서 분야에서는 고전 재출간 열풍이 불고 있다. 데일 카네기Dale Carnegie만 검색해도 수백 종이 넘는다. 저작권이 없는 퍼블릭도메인 도서도 예전처럼 번역만 새롭게 하는 것이 아니라 콘셉트를 조금씩 틀어서 출간하고 있다. 주로 아동판, 청소년판, 완역판으로 재출간했던 것을 넘어, 유명 연예인 등 셀럽과 연계해 코마케팅Co-Markeing 형식으로 차별화를 꾀하고 있다.

또 컬러링북이나 다이어리북은 사실 통상의 관념으로 보면 책이 아니다. 최근 우후죽순 쏟아지고 있는 필사책도 그렇다. 어떻게 보면 이 모든 새로운 스타일의 책은 부속물이 흔하던 시절 메인 도서에 같이 끼워줬던 일종의 '워크북의 확장판'이라고 볼 수도 있다. 그런데 컬러링북의 흥행 덕분에 색연필이 많이 팔릴 정도라고 하니, 다른 산업에도 영향을 미칠 만큼 이미 해당 시장은 충분히 형성되었다.

출판의 형태가 꼭 종이책이 아니어도 되듯, 책이 꼭 텍스트로만 구성될 필요도 없는 것이다. 그렇다면 이다음은 또 무엇일까? 이미 시장에서 조용한 변화가 이루어지고 있을지도 모를 일이다. 그것을 '에디터와 마케터 누가 더 먼저 인지하고 고심할까?'의 문제로 바라보자. 마케터의 역량 차이와 기준을 새롭게 만들어간다고 생각해보자. '나는 마케터니까 마케팅만 잘하면 되지'라는 생각을 버리고 조금 더 폭넓게 보자.

③ 콘텐츠 분석 능력과 전달 능력을 키워라

독자들은 왜 이 책을 왜 사야 하나?

마케터는 독자들이 생필품도 아닌 책을 사야 하는 확실한 이유에 대해 책의 기획 단계에서부터 편집자와 충분히 논의해야 한다. 이 한 권의 책이 시장에서 충분한 경쟁력을 갖는가? 독자들은 왜 구매해야 할까? 우리는 얼마나 팔아야 하는가?

 마케터는 출간이 확정된 타이틀에 대해서는 이러한 고민의 답을 찾기 위해 에디터들과 하는 2개의 회의에 중점적으로 신경 써야 한다. 바로 '콘셉트 회의'와 '마케팅 회의'다.

 먼저, 콘셉트란 그럼 무엇인가? 쉽게 말해서 독자들이 왜 그 책을 구매해야 하는지 이유를 설명하는 것이다. 간결하면서도 그림이 그려질 정도의 선명함이 필요하고, 그것이 명확해야만 독자들은 지갑을 연다.

 쉬운 사례를 들어 콘셉트를 이해해보자.

 시중 모든 은행들의 광고를 보면 잘생기고 예쁜 연예인들이 모델인 경우가 많다. 그런데 각 은행에서 내세우는 광고카피가 은행별로 얼마나 많은 차별점을 가지고 고객들에게 자신의 은행을 강력하게 인식시키고 있을까? 생각해보면 별 차이를 느끼지 못할 것이다. 이런 관점에서 수년 전 IBK기업은행의 광고 사례를 보면, 어떤 인사이트를 얻을 수 있다.

 IBK기업은행도 여타 은행과 마찬가지로 인기 있는 모델을 내세워 "당신의 자산을 성공으로 연주하다" 같은, 다른 은행의 광고 메시지라고 해도 이상하지 않은 지극히 무난하고 평범한 광고를 진행하는 상황이었다.

 그런데 어느 날 당시 '전국노래자랑' MC로 전 국민의 사랑을 받던 故 송해 씨를 광고모델로 발탁하는 파격적인 행보를 보였다. IBK기업은행 내부에서는 모든 임직원이 반대했는데 새로 온 사장이 밀어붙였다는 풍문도 들렸다. 아마도 이것은 내부 인사가 사장으로 승진한 것이 아니고, 완전히 다른 업계에 있었던 사람이 부임했기에 가능했을 것이다. 그만큼 혁신이라는 것은 새로운 생각과 시각을 가지고 관행을 깨야 비로소 완성되는 어려운 것이다. 여하튼 송해 MC의 광고모델 발탁은 기존 은행 업계에서는 전무후무한 사건이었다.

 그리고 메인광고 콘셉트를 "IBK기업은행은 대한민국 국민 모두가 거래할 수 있는 은행"으로 바꿨다. IBK기업은행은 기업만 거래하는 은행이라는 편견의 근원을 뒤집어 스스로의 정체성을 새롭게 정의하고 선언한 것이다. 그리고 'IBK기업은행에 예금해야 기업이 살고 기업이 살아야 일자리가 늘어난다'는 논리로 고객들에게 어필했다.

  이 새로운 광고를 보고 도시에 취업한다고 나가 있는 아들딸들을 응원하는 시골에 계신 부모님들부터 근처 IBK기업은행을 먼저 찾지 않았을까? 이렇게 전체적인 그림을 그리고 광고를 진행했을 때, 송해 MC보다 더 적합하고 설득력 있는 모델이 있을까?

  IBK기업은행은 이렇게 광고를 시작한 이후 6개월 만에 예금 1200억 원을 넘겼다고 한다. 이 모든 것이 IBK기업은행에 예금해야 하는 이유, 바로 콘셉트 하나만 바꿔 이뤄낸 엄청난 결과다. 파괴적인 콘셉트의 힘을 보여준 대표적인 사례라 하겠다.

  우리 업계에 대입해보면, 독자들이 우리 책을 구매해야 하는 이유를 책마다 콘셉트라는 그릇에 잘 담아야 하는 것이다. 콘셉트 회의는 에디터가 주도하는데, 사전에 원고를 공유하고 출간 기획안을 준비해오면 마케터는 원고를 읽고 시장조사를 마친 상태에서 참석하여 원고에 대한 의견을 이야기하며 전체적인 책의 콘셉트를 어떻게 잡을지 논의한다.

  마케터와 에디터 간의 회의는 언제나 서로의 영역을 존중하되 치열하게 해야 하기 때문에, 마케터는 에디터의 업무에 대해 알고 있어야 한다. 내가 내 업무를 확실히 알고 있어서 자신 있게 얘기하듯이, 상대의 업을 파악하고 있어야 우기거나 억지 주장을 펴지 않게 된다. 생각보다 이 지점에서의 충돌이 잦다.

콘셉트 회의 결과로 책의 콘셉트를 확정해야 하며, 제목, 부제, 카피 정도는 1차적으로 정리하고 편집 방향 및 일정, 그리고 책 꼴을 결정해야 한다.

마케팅 회의는 사전에 준비할 시간이 필요할 테니 최소한 출간 보름 전에는 해야 한다. 회의는 마케터가 주도하는데 마케팅 기획안과 실행 계획을 준비해야 한다. 마케팅 기획서에서는 정가, 마케팅 비용, 판매 목표, 영업이익, BEP 부수, 초판 발행부수, 신간 배본부수 등의 내용을 담아야 한다. 반면 에디터는 제목, 부제, 카피가 정리된 표지시안을 포함해 펼침면을 준비한다.

이때 마케터들은 반드시 전체 원고를 읽고 참석해야 한다. 특히 원고를 볼 때에는 글의 주요 핵심 포인트, 실용적 내용 등을 정리해야 한다. 그것은 그대로 추후에 카드뉴스, 상세페이지, 광고페이지 등을 만드는 재료로 쓰인다. 그리고 원고를 제대로 읽어야 이 책을 주로 어디에 광고하고 홍보할지, 새롭게 공략해야 할 지점은 어디인지를 파악할 수 있다. 제목도 원고를 충실히 완독해야 콘텐츠에 가장 걸맞게 결정할 수 있다. 마케팅 회의를 통해서 제목은 얼마든지 바뀔 수 있음도 알아야 한다.

이 외에도 출판사에서는 주간회의, 월례회의, 매출 회의, 기획 회의, 제목 회의, 표지 회의, 디자인 회의 등, 수시로 하는 회의가 많다. 가급적 콘셉트 회의나 마케팅 회의에서 함께 진행할 수 있는 회의들은 한꺼번에 논의하거나 결정하는 것이 좋고, 부족하면 그때그때 일정을 잡고 진행하면 된다.

한때 대한민국에서 큰 영향력을 행사했던, 필명 시골의사로 유명했던 박경철 원장의 첫 책 출간을 준비하던 때였다. 당시 시골의사는 주식투자 하는 사람들에게만 유명했던 재야의 고수였다. 정식으로 책을 출판하기로 하면서 세상 밖으로 자신의 이름을 알리려는 채비를 마쳤다. 출판사 입장에서는 주식투자로 유명한 분이니 당연히 그 분야의 책을 생각했는데, 시골의사 본인은 정작 에세이를 먼저 내겠다고 했다. 본업이 외과의사여서 그간 진료하며 겪었던 여러 에피소드를 블로그에 정리해왔는데 그것을 엮어 먼저 출간하겠다는 것이었다. 출판사로서는 아쉬웠지만, 저자로서는 영리한 선택이었다.

정작 책이 출간되고 난 후에는 출판사 입장에서도 탁월한 선택이었음이 판매로 증명되었다. 사실 시골의사 박경철 저자의 필력은 에세이에서 더 돋보였다.

그런데 출간 전에 잘 풀리지 않았던 것 중 하나가 책 제목이었다. 회의를 하면 할수록 정리가 되기보다는 고심이 깊어질 정도로 방향이 잘 잡히지 않았다. 의사가 환자와 함께 겪은 다양한 희로애락의 감정을 어떻게 담을 것인가인데, 어느 날 회의 중에 누군가 '동행'이라는 키워드를 언급했다. 그러자 막연했던 생각들이 정리되면서 조금씩 답이 보이는 듯한 분위기로 흘렀다. 곰곰이 생각해보니 의사와 환자의 관계를 묶기에 좋은 단어였고, 휴머니즘이 돋보이는 내용이었으므로 '아름답다'라는 의미를 더해주면 완벽할 것 같았다.

그렇게 수십만 부가 판매된 『시골의사의 아름다운 동행』이라는 제목의 책이 탄생하게 되었다. 누군가의 작은 아이디어로 시작해 최종 제목으로 확정해가는 과정이 바로 팀워크다. 그냥 흘러갈 수 있는 작은 의견도 테이블에 올려놓고 서로 자유롭게 이야기를 하다 보면 점점 좋은 제목으로 완성되어갈 수 있는 것이다. 그래서 회의는 항상 누군가의 다소 엉뚱한 의견 개진도 자유롭게 수용할 수 있는 분위기여야 한다.

  그리고 회의는 언제나 시간을 정해놓고 해야 한다. "강한 회사는 회의가 짧고 회식이 길다"는 우스갯소리를 과거에 종종 했었다. 너무 많은, 매우 긴 회의는 사람을 지치게 한다. 생산성도 효율성도 떨어진다. 시간을 딱 정해놓고 하고, 참석자들은 회의에 필요한 사항들을 충실히 준비해와야 한다.

  마라톤 회의는 극히 예외적인 경우이고, 정해진 시간에 맞게 얘기하고 논의해서 결과를 만들어야 한다. 설령 그것이 만족스럽지 않다고 해도 그 자리에서 충분히 논의가 이루어진 것이라면, 시간을 더 들인다고 해도 크게 달라지지 않는다. 필요하다면 2차 회의 일정을 잡으면 되는 것이다. 반대로 만족스러운 결과라고 하더라도 다음 날 꼭 생소한 눈으로 다시 보자. 회의에 너무 매몰되면 참석한 사람들 모두가 결과에 깊이 빠져 중요하게 놓치는 부분 또한 발생할 수 있기 때문이다.

  회의뿐만 아니라 책 제목, 부제, 카피와 관련해서도 어제 내가 결정한 문구들을 항상 다음날 낯설게 보는 과정을 반복함으로써 더 나은 제목과 카피를 얻을 수 있고 글도 점점 좋아진다. 다만 이때는 공급자 관점이 아닌 소비자의 시각에서 보도록 반복적으로 노력해야 한다.

책을 많이 읽는 사람, 책을 읽고 자신의 생각을 명확하게 얘기해줄 수 있는 사람, 독자와 비독자의 경계선에 있는 사람들의 의견을 들어보는 것도 필요하다. 이들이 훅 던지는 한마디에 크게 각성할 때가 많고, 또 책 만드는 사람끼리 나누는 대화와 회의에서 생각하지 못했던 지점들을 직·간접적으로 깨닫게 해준다. 책은 독자들이 구매한다는 사실을 항상 기억하자.

이렇게 콘텐츠 분석 능력은 콘셉트 회의와 마케팅 회의를 통해서 1차적으로 틀을 갖춘다.

다음으로 콘텐츠 전달 능력의 핵심인 실행 문제를 살펴보자.

마케팅 실행 전략의 시작은 전통적으로 얘기하는 4P, 즉 제품Product, 가격Price, 유통Place, 프로모션Promotion이다. 그런데 '유통'과 '프로모션'이 이 실행의 지점에서 중요한 부분이다.

유통 전략을 어떻게 펼칠 것인지, 프로모션 전략은 어떻게 가져갈 것인지, 이것이 숫자로 정확하게 정량화되어야 마케팅 목표를 세울 수 있다. '매출' 즉 몇 부를 팔 것인가, '마케팅 비용' 즉 얼마를 쓸 것인가, 그래서 '손익'

즉 얼마를 남길 것인가 하는 부분이다.

콘셉트를 잡기 위한 환경 분석부터 STP(시장세분화 Segmentation, 표적시장Targeting, 포지셔닝Positioning), SWOT 분석까지가 전략 단계라면, 도출된 전략으로 4P 운영을 거쳐 마케팅 목표를 세우고 출간 후 결과 분석까지가 실행 단계라고 부를 수 있다. 사실 이 모든 과정이 광의廣義의 마케팅이다.

본래 마케팅의 사전적 의미는, 고객 그리고 시장 분석에서부터 시작해 우리가 전해주려는 가치가 제대로 전달되고 있는지를 꾸준히 확인하는 과정이다. 시장은 계속 변화하기에 마케팅 또한 변화하는 시장과 합을 맞춰야 한다. 때문에 마케팅은 명사 같지만, 동사에 방점을 더 두어야 하는 동명사로 market+ing으로 쪼개서 보면 이해가 빠르다.

그런데 우리가 통상 마케팅이라고 하면 프로모션, 이벤트만을 생각하게 된다. 절반은 맞는 말이다. 협의의 관점에서 보면 위의 4P 중에서 프로모션을 마케팅이라고 부를 수 있다. 사실 핵심이기도 하다.

프로모션은 전통적인 마케팅 개념으로 보면 크게 4가지 요소로 구성된다. 광고, 홍보, 판촉, 직접판매가 그것이다. 이것을 출판에 대입시키면 아래와 같이 분류해볼 수 있다. 실상 우리가 마케팅 활동이라고 하는 모든 영역이 다 여기에 포함된다.

① 광고

: 서점, 유튜브, SNS, 커뮤니티, 신문, 방송, PPL 등

광고는 비용이 가장 많이 들어가는 만큼 효과성을 철저히 따져야 한다. 그리고 홍보, 판촉에 대한 부분도 비용이 발생할 수 있으니 전체적인 마케팅 비용에서 광고 비중을 얼마나 배분할지 판단해야 한다. 광고는 상당한 영향력이 담보되지 않으면 단독으로 집행하는 것보다는 홍보, 판촉과 일정을 겹치게 잡거나 비슷하게 가져가야 시너지를 낼 수 있다.

그런데 통상 출판사에서 신간이 출간되면 주요 온·오프라인 서점의 광고 영역을 우선적으로 집행하는 것이 현실이다. 그리고 해당 서점에서 매출 상승 효과를 불러일으키기 위해 판촉물, 통상 굿즈를 넣어 보내며, 대외 홍보 시 판매 링크를 광고하는 서점으로 잡는다. 즉 주요 서점에 광고, 홍보, 판촉을 집중시켜 해당 서점의 협업을 최

대한 끌어내 판매를 올린 다음, 주변으로 확산시킨다는 복안을 가지고 진행한다.

국내에 영향력이 큰 서점이 몇 안 되니 필요하다고 판단되는 일부 또는 전부를 선택해서 시장 전체 매출을 커버하기 위한 핵심기지로 만들겠다는 계획이다. 베스트셀러 전략으로 가는 출판사들이 가장 많이 하는 방식이다.

여기에 기름을 부어줄 외부 광고로, 한때 출판사에서는 단가가 제일 비싼 신문광고를 가장 많이 진행했다. 그런데 어느 순간 레거시 미디어가 예전 같지 않으면서 카드뉴스가 그 배턴을 이어받아 득세하더니, 지금은 영향력 있는 유튜브 광고로 옮겨가고 있는 분위기다. 물론 언제 또 다른 매체가 생길지 모를 일이다. 광고는 결국 사람들의 시선을 붙잡는 것이 관건이다. 언젠가 등장할 강력한 매체를 이용하는 것은, 그때 가서 필요하다면 또 진행하면 된다.

그런데 책마다 다른 단행본을 콘텐츠 성격에 맞게 새로운 스타일로 광고할 수는 없을까? 기존에 해왔던 대로 이미 정형화되어 세팅된 곳을 편하게 이용하기 전에 뭔가 크리에이티브한 것은 없을까를 고민해보자.

그런 의미에서 몇 가지 재미있고 인사이트를 줄 만한

광고를 살펴보자. 다음에 소개할 3가지 사진 및 사례는 톰 힘프Tom Himpe의 책 『크리에이티브 게릴라Advertising is Dead』(디자인하우스)의 일부 내용을 차용했다.

1) [그림1]은 싱가포르의 여행 포털사이트 '주지ZUJI'라는 회사의 광고다. 그들은 자사가 판매하고 있는 해외 여행 상품을 어떻게 소비자들에게 알릴 것인가를 고민했을 것이다. 신문, 잡지에 손쉽게 광고하는 것 말고, 우리의 고객은 어디에 있을까를 치열하게 논의한 끝에 내린 결론은, 서점 여행서 코너에서 책을 고르는 독자라고 생각했다. 그리고 그들에게 어필하기 위해 책과 똑같은 가짜 여행 안내서를 만들어 대형 서점에 실제로 진열했다. 여행에 관심이 있고 실제로 여행 계획을 가진 독자

[그림1] 싱가포르 여행 포털사이트 '주지'의 광고

들이 자연스럽게 가짜 책을 펼쳤을 때는, '주지' 온라인 URL 주소와 회사의 슬로건만 적혀 있었다고 한다. 독자들의 허를 찔러 즉각적인 관심을 촉발시킨 광고 사례라 하겠다.

2) [그림2]는 3M의 강화유리 광고다.

통상적인 옥외광고라면 기능에 대한 설명을 담은 메인카피와 서브카피를 어떻게 뽑아서 배치할 것인가, 사진은 어떻게 넣을 것인가를 고민했을 텐데 캐나다에서 진행했던 사례는 달랐다. 실제 강화유리를 앞뒤에 설치하고 그 안에 300만 캐나다달러CAD를 넣었다.

[그림2] 3M의 강화유리 옥외광고

지나가던 사람들이 그것을 보고 돈 욕심에 유리를 깨기 위해 쇠망치로 가격하고 발로 차는 등의 행위를 했으나 강화유리는 전혀 손상되지 않았다. 오히려 알루미늄 프레임이 갈라져 광고는 단 하루 만에 중단되었다고 한다. 실제 3M에서 이 버스정류장 광고판을 하루만 대여했다고 하니 처음부터 철저하게 계획한 것이었다.

이 해프닝은 뉴스에 보도되었고 캐나다 전국으로 방송이 퍼져 나갔다. 아마 지금 이런 일이 벌어졌다면 개인 SNS, 유튜브를 타고 더 빨리 더 많은 사람들에게 전파되었을 것이다. 제품의 특징을 살린 창의적인 맞춤형 광고로 비교적 적은 금액으로 큰 효과를 누린 사례라고 할 수 있다.

3) 대형마트 카트에 광고가 있는 것은 흔한 일이다. 그런데 기존 광고란에 광고를 하지 않고 주목도를 높이도록 장치하여 제품의 메시지를 직관적으로 전달한 사례가 있다.

[그림3] 켈로그의 쇼핑카트 광고

쇼핑카트의 손잡이 부분을 굽은 형태로 만들어 비만인 사람의 배가 그 안에 쏙 들어갈 수 있도록 여유 공간을 디자인한 것이다.

누군가가 카트를 잡았는데 손잡이가 흔한 직선이 아니고 곡선이니 시선이 먼저 갈 테고, 그 공간에 배가 넉넉히 들어간다면 광고문구의 메시지는 경각심을 불러일으키기에 충분할 것이다.

"99% 무지방, 켈로그의 스페셜K를 시작할 때입니다."

켈로그는 두 가지를 생각하지 않았을까?

'우리의 제품이 주로 팔리는 곳은 어디인가?' '소비자들에게 어떻게 켈로그 제품을 사 먹게 할 것인가?'

위의 3가지 사례처럼 우리도 각각의 책 특성에 맞는 창조적인 광고를 고안해서 진행해보자. 독자들과 쉽게 만날 수 있는 장소에서 광고로 인식되지 않게 노출시킨다면, 기존의 판에 박힌 광고 집행보다 높은 효과를 누릴 수 있을 테니 말이다. 그리고 그런 화제성은 지역적인 한계를 뛰어넘어 뉴스 기사로 확산시킬 수 있으며, 무엇보다 출판사의 다양한 홍보 수단을 통해 온라인 2차 광고로 재생산할 수 있다. 더불어 SNS로 실시간 바이럴도 만들어낼 수 있다.

② 홍보

: 언론, SNS, 블로그, 뉴스레터, SMS, LMS, MMS,
 셀럽, 커뮤니티, 유튜브, 쇼츠, 릴스, 북페어 등

홍보는 판매와의 상관관계를 감안하여 책의 매출과 연동해서 고민해야 한다. 물론 이것은 절대 계량적으로, 즉각적으로 보이지 않는다. 여러 프로모션 활동 안에서 판매가 이루어지니 당연하다. 다만 홍보를 위한 홍보, 또는 누군가에게 보여주기 위함이라면 지치고 소모적인 일이다. 물론 저자와의 관계 측면에서 필요할 때도 있으니 상황에 맞게 잘 판단해야 할 것이다.

홍보는 위에 나열한 정도가 보편적으로 출판사에서 가장 많이 하는 것인데, 영역의 한계는 없다. 중요한 것은 시의성과 화제성 관점에서 내 책과의 연결고리를 찾는 것이다. 없으면 만들어서라도 엮어야 한다. 그러기 위해서는 반드시 마케팅해야 하는 책을 꼼꼼히 읽어야 한다.

물론 책을 끝까지 다 읽지 않고 마케팅해도 큰 문제는 없다. 그런데 정말 원고를 분해해서 읽으면 마케팅 포인트도 잡을 수 있고, 한 단계 더 나아가 새로운 홍보활동도 만들어낼 수 있다. 그리고 원고를 볼 때 '언제, 어떤 콘셉트로 내 책과 버무려서 엮으면 되겠다'라는 생각이 들면

주저 없이 업무용 달력에 표시를 해놔야 한다.

일단 몇 가지 다양한 홍보 사례를 살펴보자.

1) 한강 작가가 역사적인 노벨문학상을 받았을 때, 국내 서점가는 그녀의 작품들로 거의 도배가 되었고 당연히 판매 쏠림 현상이 있을 수밖에 없었다. 그렇다면 이 기회를 온전히 한강 작가의 출판사들만 누려야 하는 것일까? 실상은 그럴 수밖에 없지만, 홍보 관점에서 어떻게 하면 우리 출판사의 책과 엮을 수 있을까라는 다소 엉뚱한 생각을 마케터라면 해야 한다.

그녀의 시집 『서랍에 저녁을 넣어 두었다』(문학과지성사)를 읽다 보니 아래와 같은 문장이 나왔다.

"전철 4호선,
선바위역과 남태령역 사이에
전력 공급이 끊어지는 구간이 있다.
숫자를 세어 시간을 재보았다.
십이 초나 십삼 초.
그사이 객실 천장의 조명은 꺼지고
낮은 조도의 등들이 드문드문

비상전력으로 밝혀진다.
책을 계속 읽을 수 없을 만큼 어두워
나는 고개를 든다.
(중략)
확연히 느려졌다고 느낀 순간,
일제히 조명이 들어온다. 다시 맹렬하게 덜컹거린다.
갑자기 누구도 파리해 보이지 않는다.
무엇을
나는 건너온 것일까?"

'한강 작가가 지하철 4호선을 타고 선바위역과 남태령역 구간을 지나가면서 시인의 마음으로 유심히 관찰하고 시상을 떠올렸구나' 하는 생각이 들었다. 실제로 이곳을 지나갈 때면 다음과 같은 안내방송이 나온다.
"전력 공급 방식 변경으로 일부 전등이 소등되고, 냉난방 장치가 잠시 정지됩니다."
 그 이유는 이 구간이 좌측통행 교류 방식의 철도와 우측통행 직류 방식의 지하철로 서로 다르기 때문이며, 이 문제를 해결하기 위해 세계 최초의 공법을 적용시켰다고 한다. 내가 이런 사실을 알고 있는 것은, 현재 트로이목마에서 시리즈로 출판하고 있는『알아두면 쓸데 있는 유쾌한 상식사전』 -과학·경제 편-에 나오는 내용이기 때문이다.

실제 이 구간은 전력으로 이동하는 것이 아닌 전기를 끊고 미끄러지듯이 내려간다. 한강 시인의 "무엇을 나는 건너온 것일까?"의 마무리 문장을 만약 설계한 과학자가 들었다면, "입체 교차 방식의 꽈배기 굴을 통과하셨습니다!"라고 재치 있게 답하지 않았을까?

당시 나는 이러한 내용을 정리하여 한강 작가의 시집과 우리 출판사 책을 나란히 배치하여 네이버포스트에 포스팅을 했는데, 네이버 주요 코너에 계속 노출되면서 몇만 뷰의 조회수를 끌어냈다.

물론 태그를 넣었기에 한강 작가 작품이 많이 조회되었을 때라 자연 검색도 상당했다. 어쨌든 노벨문학상 수상작이라는 뜨거운 이슈를 아무 상관도 없는 내 출판사의 책과 연계해 새로운 콘텐츠를 만들어낸 것이다.

국내 작가의 노벨문학상 수상이라는 대중적인 화제성이 있었으니 지속적인 노출이 가능했고, 거기에 다른 책을 얹어 덩달아 보이게 한 것이다. 내가 그녀의 책을 읽지 않았거나 우리 책을 훤히 꿰뚫고 있지 않았다면 만들어낼 수 없는 노릇이다.

'매개하다'라는 말이 있다. 둘 사이에서 양편의 관계를 맺어준다는 의미다. 마케터는 홍보를 할 때 항상 이 단어를 염두에 두고 있어야 한다.

  2) 웅진씽크빅 단행본에서 홍보팀장을 맡았을 때의 일이다. 홍보팀이라는 것이 조직에서 그 가치를 인정받으면 좋겠으나, 매출에 직접 기여하는 부분을 수치화하기 어렵고 잘해도 본전 못하면 정체성을 의심받는 애매한 조직이다. 특히 매출 드라이브에 포커싱을 맞춘 큰 조직일수록 더 그렇다. 때문에 항상 적은 인력으로 많은 여러 일들을 해내야 한다.

  그래서 당시 내 머릿속을 지배했던 키워드는 자동화였다. 성격에 맞는 책만 매번 교체해서 자동적으로 돌아가도록 만드는 것이다. 월에 수십 종의 책들이 쏟아지는 가운데 전략적으로 밀어야 하는 책만 진행한다고 해도, 단 몇 명이서 단발성으로 계속 새로운 루트를 개발해 접촉하기에는 현실적으로 불가능했기 때문이다.

  그러던 어느 날 전화 한 통을 받았다.

  "저 배한성입니다. 제가 성우협회장을 맡아서 새롭게 독서모임을 만들었습니다. 첫 책이 웅진 책인데 구매를 하고 싶어서 연락드렸습니다."

  순간 보이스피싱인가 싶어 잠시 멍했는데 맥가이버,

가제트 형사의 목소리를 더빙한 한국의 전설적인 성우를 어느 누가 흉내 낼 수 있겠나 싶었다.

정해진 납품 공급률이 있으니 맞춰서 원하는 책만 보내면 끝날 일인데, 통화를 하다 보니 성우협회 독서모임을 우리의 주요 홍보기지로 삼으면 어떨까 하는 생각이 머리를 스쳐 지나갔다.

성우협회에 소속된 모든 성우들이 대상은 아니고 희망하는 회원들에 한해 만든 독서모임이기에 인원이 많지 않아 매출 관점으로는 그다지 크지 않았지만, 성우들은 모두 방송 활동도 하며 대외적인 행사도 있는 사람들이라 입소문 내기에 좋을 것이라 판단했다.

꾸준한 바이럴이 생성되는 진원지로서 괜찮을 것 같다고 판단해 매월 웅진 책으로 진행할 수 있도록 협의하고 도서를 제공했다. 성우협회에서도 번번이 책을 선정하지 않아도 되고, 당시 웅진 단행본은 임프린트제여서 출판 브랜드도 많고 책 분야도 다양했기에 여러 양서들을 받을 수 있으니 나쁠 것이 없었다.

서로 얻을 수 있는 것들이 확실했고 몇 년을 그렇게 합을 맞춰 나갔다. 배한성 선생님과도 그렇게 인연이 시작되어 거의 20년이 다 된 지금도 연락을 하고 지낸다. 심지어 웅진을 퇴사하고 창업을 했을 때 당신께서 선물해

줄 수 있는 것은 목소리밖에 없다고 하시면서, 지금까지 트로이목마 주요 도서들의 홍보 녹음을 수차례 기꺼이 해주시고 있다.

가끔 처음 통화했을 때가 생각난다. 그냥 스쳐 지나갈 운명도 계속 만날 수 있는 관계로 바꾸는 것은 단 한 번의 짧은 순간에 결정되기도 한다. 1회성 납품으로 소액의 매출을 하느냐, 지속가능한 홍보 플랫폼을 만드느냐는 결과가 매우 다른 상황 판단의 문제다. 이런 일은 갑자기 맞닥뜨릴 수도 있고 신중하게 준비해서 접근할 수도 있다. 중요한 것은 평상시에 내가 해야 할 임무와 역할을 잊지 않고 새기는 것이다.

3) 출판사를 창업하고 몇 년 지나지 않아 책을 홍보할 수 있는 다양한 루트를 찾다 하나은행 사내방송팀을 방문했다. 전국에 있는 하나은행 임직원들에게 책을 소개할 수 있는 기회이니 최대한 정성을 들여 책 콘셉트와 내용을 은행원들에게 도움이 되는 방향으로 설명했다. 통상 그러고 나면 책과 보도자료를 주면서 잘 부탁드린다고 인사하는 게 일반적인 상황이다. 그리고 제발 잘 소개되었으면 좋겠다는 생각으로 돌아오게 된다. 은행에서는 당연히 책을 한 권만 소개하지 않을 테고 담당하는 분은

여러 루트로 책을 취합해서 그중에 선택할 테니 말이다.

우리가 언론홍보를 하면서 신문사, 방송사에 책을 보내는 것과 같고, 조금 비중 있는 책은 담당 기자를 직접 만나 소개하는 그런 상황과 다르지 않다. 일간지, 공중파를 통해 불특정 다수가 보느냐, 전국에 하나은행 직원만 보느냐의 차이일 뿐이다.

그런데 그날의 반응은 좀 놀라웠다. 책 설명을 마치자마자 담당 아나운서님이 지금 자신에게 설명한 것처럼 저 스튜디오 부스에 앉아서 직원들이 바로 들을 수 있게 해보라고 제안한 것이었다. 출판사에서 책에 대해 제일 잘 알고 있을 테니 직접 알려주는 게 더 좋을 것 같다는 취지였다. 그렇게 갑자기 얼떨결에 하나방송 라디오 녹음을 마쳤다.

그런데 그게 끝이 아니고 시작이었다. 그후로 몇 차례 더 우리 책을 홍보하다가 특정 주제를 선정해 거기에 맞는 책을 골라서 해보면 어떻겠냐고 제안을 주셨다. 졸지에 하나방송 북자키로 데뷔했고, 우리 책이 아닌 다른 출판사 책을 선정하는 데 더 많은 시간을 보내며 어떻게 하면 원고의 완성도를 높일까 매번 고민했다.

처음에는 라디오만 하다가 어느 순간부터는 세트에서 책을 소개하는 하나방송 TV 북자키로 서게 되었다. 하나은행에서는 끊임없이 책을 토대로 새로운 아이디어와 구성을 발전시켜 나갔고, 그 안에서 어느덧 나도 적응해 다양한 경험과 책 홍보활동을 하게 된 것이다. 화제의 책 저자 인터뷰 코너도 만들어서 다른 출판사 저자들과도 인터뷰를 진행했고, 코로나19 팬데믹을 거치면서 비대면 셀프 인터뷰 영상까지 제작해 송출하게 되었다.

  돌이켜보니 개인적으로 많이 배우고 성장했고 어디서도 경험하지 못할 소중한 시간이었다. 5년 동안 하나방송 북자키로 활동하면서 내가 운영하는 출판에도 책 소개 포함, 새로운 저자 발굴로 연결되기도 했으니 큰 도움이 된 것은 말할 것도 없다. 이 모든 것이 책 한 권 홍보하러 갔다가 발생한 일이다. 언제, 어디에서, 나에게 어떤 일이 벌어질지 아무도 모른다. 매 순간 진지하게 정성을 다한다면 때로는 생각지도 못한 결과를 만들어낼 수 있다.

  4) 출판사에서 상대적으로 어렵지 않게 매일 할 수 있는 홍보는 블로그 홍보가 아닐까 생각한다.

  나는 창업하고 얼마 안돼서 네이버에서 포스트 카테고리를 만들고 정책적으로 밀어주는 것을 보았다. (현재는 네이버포스트 서비스가 종료되었다.) 더욱이 당시 네이버는 책 홍보 내용도 집중적으로 노출해줄 때여서 바로 네이버포스트에 채널을 만들고 거의 주 3~4회 정도는 꾸준히 우리 책 홍보를 위한 포스팅을 했다.

앞서 한강 작가 사례 때도 설명했지만 시의적절한 메시지, 시사적인 이슈, 대중적인 재미 등을 어떻게 책과 연결해 주목받게 할 것인가를 항상 고민해야 한다. 블로그 홍보는 가장 손쉽게 할 수 있고, 좋은 콘텐츠는 메인으로 자주 올라가니 잘 활용해야 한다. 메인 선정 기준만 잘 파악한다면 노출되는 것이 많이 어렵지 않을 뿐 아니라, 정말 차별화된 콘텐츠라고 판단되면 모바일이든 PC든 며칠간 계속 메인 노출이 유지된다.

출판사는 책이라는 좋은 콘텐츠가 있으니 큐레이션만 잘하면 네이버라는 포털 공간을 통해 엄청난 광고 효과를 무상으로 만들어낼 수 있다. 한때 내가 올렸던 콘텐츠 중 하나는 네이버 메인에 여러 차례 노출되며 98만 조회 수를 기록했으니, 비용으로 환산하면 대략 수천만 원의 가치는 족히 되었을 것이다.

현재는 네이버가 전략적으로 밀었던 책문화라는 공간이 없어져서 콘텐츠를 올려도 검색을 통한 유입 정도만 가능하지 않을까 생각할 수도 있지만, 밝은 눈으로 찾아보면 지식플러스, 건강, 리빙 등의 코너에는 여전히 콘텐츠를 활발하게 올리는 출판사들이 존재한다.

그리고 똑같은 콘텐츠를 여러 SNS 채널에 업로드할 때는 각각의 성격을 파악해서 조금씩 다르게 맞춤형으로 올리는 것이 좋다. 하나의 콘텐츠라도 살짝 변주를 주어 여러 SNS 채널에 동시에 올리는 습관을 만들어보자.

5) 2000년대 중반까지 국내에서 영업하다 철수한 프랑스의 대표적 소매유통업체 까르푸는 초창기 때 매장 안에 다양한 제품들을 취급함에도 내방한 고객들이 서적 코너가 있다는 것을 잘 모른다는 점을 고심했다고 한다. 그래서 궁여지책으로 마늘 코너에 『드라큘라』 책을, 생선 코너에 『모비딕』 책을, 사과 코너에 『백설공주』 등 직접 관련이 있는 책을 나란히 놓음으로써, 매장 안에 서점이 있다는 사실을 부지런히 알렸다고 한다. 어떻게 보면 가장 단순하고 직관적인 홍보 방안이다. 그런데 이와 비슷한 사례를 본 적이 있다.

한때 우리나라에서 바나나 다이어트 열풍이 불어 마트의 과일 코너마다 유난히 바나나가 많이 진열되었던 때가 있었다. 어느 날 대형마트에 갔더니 수북이 쌓여 있는 바나나 틈 사이에 『아침 바나나 다이어트』라는 책의 광고 POP가 꽂혀 있는 것을 목격했다. 미용에 관심이 많은 젊은 여성들이 바나나를 사면서 마트 안 서점에 그 책이 있다는 것을 인식하게 될 것이고, '아침에 먹어야 더 효과적이구나'라는 생각과 함께 '책도 사볼까?'라고 충분히 마음먹을 수 있을 것이다.

  지금은 마트에서 유·아동 도서, 학습서 외에 단행본 책 찾기가 쉽지 않지만, 2010년대 당시만 해도 마트 유통은 매우 큰 시장이었다. 해당 출판사 마케팅팀은 책을 출간하면서 이 책이 필요한 주요 독자가 어디에 있는지 정확하게 파악하고 실구매자들이 바로 살 수 있도록 다른 코너와의 협업을 이끌어낸 것이다. 앞서 소개한 켈로그 쇼핑카트 손잡이 광고에서 보았던 것과 유사한 형태의 사례라 하겠다.

  이런 현상을 보면서 나는 그때까지 깊게 생각하지 못했던, 유동인구가 많은 오프라인 주요 거점에 책을 홍보하는 방법을 모색하게 되었다. 그리고 때마침 홍보 업무를 맡게 되었을 때, 기존의 광고판에 광고를 하지 않고 협상을 통해서 고정적인 새로운 홍보 거치 공간을 만들었다. 대표적인 곳이 국내 최대 규모의 용산 CGV로, 복합 쇼핑몰 안에 위치하고 있어서 유동인구도 상당히 많아 오랜 시간 업무 협의를 통해 극장 내부 한가운데에 한 달에 한 번 책과 특색 있는 조형물을 대형 진열장에 설치했다. 극장을 찾은 고객들이 영화 상영 대기시간에 자연스럽게 구경할 수 있는 동선에 설치했고, 관객들이 좋아할 만한 장르의 책 위주로 꽤 오랫동안 진행했었다.

이처럼 홍보 담당자는 책의 독자가 있다고 판단되는 곳이 있으면 서점 밖에서도 방법을 찾아야 한다.

③ 판촉
  : 비가격(굿즈, 경품, 1+1증정품, 리커버), 가격(재정가, 카드할인)
  : 북토크, 강연회, 사인회, 북펀딩, 프로모션 이벤트, 서평 이벤트 등

판촉은 우선 굿즈, 리커버가 현재 출판사에서 가장 많이 진행하고 있는 형태이며, 가격적인 측면은 도서정가제 시행으로 인해 위와 같이 분류해보았다.

북토크, 강연회 등은 홍보 카테고리에 넣어도 무방하나, 판매의 관점에서 욕심을 내보는 것이 어떨가 싶어 판촉 카테고리에 넣었다. 북펀딩도 처음에는 펀딩 전문업체에서 시작했고 여전히 활발하게 하지만, 요즘은 서점에서도 많이 진행하고 있으며 점차 혜택이 푸짐한 예약판매 형식으로 바뀌어가고 있는 것이 아닌가 생각된다.

조금 들여다봐야 할 것은 서평 이벤트이다.

출판사는 책을 출간할 때마다 인터넷서점 서평을 어떻게 할 것인가를 고민한다. 우리가 온라인 쇼핑을 할 때, 어떤 제품이든 상품평을 살펴보고 판단하듯 책을 구입할 때도 크게 다르지 않다. 그리고 서평은 본인 SNS 계정을 통해 전파되기 때문에 입소문 내기에 좋은 수단이다.

문제는 자연발생적으로 리뷰가 생성되면 가장 좋은데, 책은 다른 상품들과 달리 의지를 가지고 읽고, 또 의지를 가지고 써야 하는, 시간이 많이 소요되는 아이템이다. 집중적으로 판매고를 올려야 할 때 같이 붙어줌으로써 시너지를 내야 하는 서평이 대개는 그렇게 진행되지 않기 때문에, 출판사로서는 타이밍을 놓치면 안 된다는 강박이 생긴다. 그래서 출판사에서 자체적으로 모집하거나 인터넷서점 서평단에 의뢰하거나 파워블로거 혹은 팔로워가 많은 채널 운영자에게 기대게 되는데, 거의 무비판적인 찬양 일색이거나 리뷰가 아닌 서머리summary의 경우도 많다. 심지어 책을 서평이 아닌 소품으로 활용하는 사례도 있다. 무엇보다 이런 서평들은 "책을 제공받아 썼다"는 문구가 삽입되기에 모양새가 그렇게 좋지 않다.

그럼에도 없는 것보다는 낫지 않나라는 생각에 출간과 동시에 서평 이벤트를 진행하게 되는데, '진짜 없는 것보다 나을까'라는 고민을 진지하게 해봐야 한다. 서평이 별로 없는데 무척 잘 팔리는 소위 찐(!)베스트셀러도 있으니 말이다.

반대로 판매는 부진한데 이벤트로 지원받아 쓴 서평이 수십 개씩 달려 있는 책은 안타깝기까지 하다. 해야 할 이유가 무엇인지, 구매해야 할 사람들에게 오히려 무상으로 제공해버리는 것은 아닌지 살펴야 한다. 그래서 셀럽이나 팔로워가 많은 사람들을 찾아 전략적이고 효율적으로 진행하게 되는데, 이 또한 시간이 지날수록 변질되고 있다. 돈을 받고 진행하는 방식으로 바뀌거나 그런 사람들을 모아 아예 출판사에 역으로 제안하는 업체들도 있다. 서평단들은 돈도 받고 공짜 책도 읽고 리뷰 써서 팔로워도 늘려간다.

출판사 마케팅 비용이 누구를 위해 무엇을 위한 결과로 이어지는지 생각해봐야 한다. 이런 형태는 유사 사재기 논란으로부터 자유로울 수 없다는 점도 잊지 말자.

④ 직접판매

: 도서전, 커뮤니티, 바자회, 지역 행사장, 단체, 기업, 스마트스토어, 온라인 카페, 홈페이지 판매 등

출판사는 대체로 유통사를 통해 책을 공급하지만, 직접 책을 판매할 때도 있다. 제일 흔한 경우는 일정 기간 부스를 설치하고 직접 소비자들과 만나는 도서전의 형태인데, 서울국제도서전을 비롯해 지역별, 장르별로 다양한 도서전이 있고, 철마다 열리는 지역 행사 축제에 참여하기도 한다.

직접판매는 독자들에게 바로 납품하기에 이익률이 좋은 장점이 있다. 과거에는 기업의 대량 주문이 많았는데, 늘 부수에 맞게 할인을 요구받고는 했다. 그러나 지금은 엄격한 도서정가제가 실시되고 있기 때문에 굳이 공급률을 추가로 할인하지 않아도 되니, 출판사 수익률 관점에서 큰 도움이 된다. 그래서 그런지 기업 입장에서도 어디서 구입하든 구매 조건이 같기 때문에, 대개는 서점에 바로 문의한다.

이 어려운 시기에 위기를 돌파하기 위해 네이버 스마트스토어 또는 자사 홈페이지에서 직접판매를 하는 출판사들이 점점 늘어나고 있다. 그러나 소매 할인율은 똑같고 별도의 시간과 비용을 들여 관리해야 하고 배송비까지 감안했을 때, 고가의 책이 아닌 다음에야 손익 관점에서 어떨지 계산기를 잘 두드려봐야 한다.

이상으로 프로모션의 4가지 요소인 광고, 홍보, 판촉, 직접판매를 살펴보았다. 기억해야 할 것은 프로모션 행위가 출판사의 입장, 출판사의 관점, 출판사의 편의에 의한 것은 아닐까 계속 의심해야 한다는 점이다. 독자들이 우리의 행위를 보고 그 책의 필요성을 느끼고, 그러면서 자연스럽게 책을 구매하는 것이 바람직한데, 의외로 많이들 간과하고 있다. 그래서 실행 전에 항상 독자 입장에서 생각해야 한다. 가끔은 '설마 이게 먹힐까?' 하는 것이 통하기도 한다. 그러니 다각적이고 충분하게 시도해야 한다.

　과거에는 마케팅 기획 시에 단계별로 위의 4가지 요소를 정교하게 믹스해 넣고, 실행 때에는 순차적으로 판매 상황을 주시하면서 판매가 잘 붙을 때는 확장하고 생각만큼 안 오를 때에는 줄여가는 식으로 탄력적으로 조정했다. 그렇게 하나씩 만들어가면서 책의 판매를 올리는 재미가 있었는데, 요즈음은 전체적으로 뭘 해도 안 된다는 무기력이 팽배한 듯하다. 어느 유튜버가 한번 소개했다고, 또는 방송에서 어느 유명인이 좋았다고 얘기하는 식의 영향력으로 몇백 부, 몇천 부가 쉽게 판매되는 세상이다 보니, 마케팅 무용론이 자꾸 거론되는 것 같다.

　그런데 우리는 책을 그렇게 운에만 맡기고 아무것도

안 할 수는 없는 노릇이다.

   그리고 꼭 알아야 하는 사실이 있다. 유튜버든 유명인이든 그 누구든, 그 책을 알게 된 계기가 어쩌면 생각하고 의도하진 않았지만 당신이 진행한 마케팅 프로모션 중 어느 하나를 보았기 때문에 가능했을 수도 있다는 것을 말이다.

④ 유통은 몰라도 된다는 착각을 버리자

책의 흐름 파악은 마케팅의 가장 기본이다.

앞서 언급한 마케팅 실행 전략의 4P 중 하나가 '유통Place'이다. 즉 출판사 자체적인 광고, 홍보, 판촉, 직접판매의 프로모션Promotion 준비도 치밀해야 하지만, 유통사들과의 협업이 있어야 마케팅이 완성되는 것이다. 그런데 책이 판매되는 원인을 살펴보면 몇 가지 이슈에 의해 판매가 일어나는 경우가 있다.

영향력 있는 명사나 인플루언서의 리뷰나 추천이 절대적이고, 쇼츠, 릴스 같은 숏폼들로 책이 주체 못할 정도로 터지기도 한다. 이런 로또와 같은 일들이 불황에는 더 빛나 보이게 마련이고 한두 가지 요인으로 책이 엄청나게 판매되니, 애초에 종합적인 마케팅 계획이 필요 없다고 판단하는지도 모르겠다. 더욱이 출판 유통을 등한시해도 책이 팔리면 서점에서 알아서 주문을 하니, 굳이 유통을 알 필요도 없고 창고나 매장에 가야 할 이유도 없다고 생각할 수도 있겠다.

그러나 정말 운이 좋아서 잘된 몇 개의 케이스만 보고 자사의 모든 책에 대해서도 그것만 추구한다면, 출판을 도박으로 인식하는 것과 무엇이 다를까! 묵묵히 만들어가는 일상적인 매출의 가치가 중요함을 알아야 한다. 그것이 없으면 오래가지 못하고 반드시 무너진다.

내가 원했든 원하지 않았든 우리 책을 사는 독자는 분

명히 있을 것이고, 그 사람들은 어떤 경로로 책의 정보를 접하고 어떻게 책을 구매하게 되었는지 궁금하지 않은가? 그것을 역추적하면서 고민하다 보면, 새로운 방식과 색다른 판로도 개척할 수 있다.

과거에는 전략도서 한 권을 팔기 위해 철저한 마케팅 계획을 세워 출간 전부터 실행에 돌입했다. 특히 도·소매 서점에서 어떻게 론칭할지 담당자와 사전에 논의하고 협업하는 구조를 만든다. 책의 콘셉트부터 출간 후 어떤 활동을 할 것이며 해당 서점에는 어떤 메리트를 줄 것인지, 그래서 신간 배본은 몇 부를 할 것인지 등, 조직적이고 체계적으로 진행했다. 단위별로 부수를 모아 총 배본부수를 결정하고, 가끔은 이에 따라 초판 제작부수를 바꾸기도 한다. 이런 활동들은 사실 대한민국 도서 유통 대동맥이 흐르던 시절이어서 가능했다. 지금 돌이켜보니 온라인 서점, 오프라인 서점, 대형 도매상, 지역 총판, 특판업체, 기업 납품업체, 마트 밴더 등이 자신들의 역할을 해내던 호시절이었다.

또 예전에는 영업력만으로 매장 내에 책을 진열, 확장하는 것이 가능했다. 심지어 비소설 책인데 자기계발 코너 부조에 진열하기도 했다. 그 모든 것이 관계와 영업으로 가능했는데, 이제는 모두 '광고'로 결정된다. 그 광고마저 인기가 좋은 곳은 대기가 길어서 경쟁을 하는 현실이다. 그래서 매장에는 더더욱 가지 않게 된다. 매장 방문이 소용없다고 생각하는 것이다.

그런데 영업 마케팅을 담당하는 사람들이 매장에 가는 다른 이유는 없을까?
내 책의 진열이나 광고도 점검해야 하지만, 매장 안에서 벌어지는 모든 일을 관찰하는 것은 도움이 된다. 사람들은 어떤 책을 선호할까, 책을 구매하는 과정은 어떠할까, 근래 판매가 잘되는 책은 어떤 장치를 하는가, 신간의 경향은 어떠한가, 거래처의 새로운 동향으로 인해 예측되는 변화는 무엇일까 등등. 온라인 서점에서는 느낄 수 없는 현장감을 온몸으로 체험할 수 있는 곳이 매장이다. 그런 측면에서 마케터에게 서점은 '학교'다.
나는 시내에서 사람들과 미팅할 때 상대방이 동의하면 대부분 지역 내 대형 서점에서 만난다. 저자든 협력사든 심지어 사적인 모임을 할 때도 그렇다. 일로 만난 관계면 자연스럽게 책이나 출판 흐름의 스몰토크가 가능하고, 개인적인 만남도 그 공간 안에서 놀면 뭔가 마음이 편안해진다. 그런 점에서 서점은 '놀이터'이기도 하다.

이렇게 서점을 학교이자 놀이터로 나의 주요 거점 공간으로 삼는다면, 평상시에 정말 많은 아이디어가 떠오를 것이며 현업에서도 생산적으로 적용할 수 있을 것이다.

한편으로, 출판사의 자금 운용을 위한 현금 확보는 모두 유통에서 나온다. 그래서 '수박 겉핥기' 식으로 대충 알아서는 안 된다. 팔리는 책은 알아서 주문이 들어오고 책을 보낸 만큼 결제 받으면 되니 '굳이 유통까지 알아야 하나?'라고 반문할 수 있다.

베스트셀러가 계속해서 나오고 책 찍어 발송하기 바쁜 상황들만 이어진다면 그렇게 생각할 수 있다. 그러나 현실은 전혀 그렇지 않음을, 좋은 날보다 그렇지 않은 날들이 더 많다는 것을 알고 있지 않은가!

도·소매 판매를 포함해 책이 팔리는 만큼만 수금이 되는 시스템이 아닌 곳도 여전히 존재하며, 협상력을 통해 결제금액을 유동적으로 만들 수도 있다. 출판사에서 영업 마케팅을 담당하는 사람들은 매출, 비용 등을 감안해 현금 흐름을 꿰뚫고 있어야 한다. 그래야 한 달 수금 계획, 비용 계획을 월초에 정리해서 출판사 살림을 챙길 수 있다. 마케터들이 해야 할 매우 중요한 업무 중 하나다.

매출 관점에서 새로운 플랜B는 항상 고민해야 하는 지

점이다. 즉 출간된 책을 통해 기존 거래처에서 발생할 매출을 시뮬레이션하고, 그래도 목표 금액 대비 모자라면 과외 매출에 대한 대비책을 가지고 있어야 한다. 그것이 저자 구매든, 특판 형식의 납품처든, 신규 거래처든, 여하간 대안을 마련해야 한다. 덧붙여 도·소매는 우리가 알고 있는 판매 루트가 아닌 그들만이 가지고 있는 납품 경로가 꼭 있다. 그 루트를 타고 매출을 올릴 수 있는 방법도 있으니, 거래처 담당자들과의 다양한 소통은 필수 중에 필수다.

매출을 더 해도 부족한 형국인데 만약 거래하던 서점이 부도가 나거나 폐업하게 될 경우, 유통을 모르면 고스란히 회사의 피해로 연결되는 참사가 발생한다. 평상시에 정기적인 장부 대조와 거래처 동향 등을 파악하고 있어야 선제적인 방어가 가능하다.

그런데 최근에는 알라딘 전자책 불법 탈취 사건이나 랜섬웨어 공격으로 인한 예스24 사이트 폐쇄 사건에서 보듯, 오프라인보다 온라인 서점 해킹을 더 걱정해야 할 정도로 세상이 변했다. 이런 종류의 피해에 대해, 출판사는 속수무책이라는 점이 우려스럽다.

또한 잊지 말아야 할 것은 유통사의 적절한 잔고 관리다.

월말 기준으로 매출이 그대로 수금으로 이어지는 곳은 해당 사항이 없겠으나, 그렇지 않은 곳은 유통사의 볼륨에 맞는 적절한 잔고를 유지하는 것이 중요하다.

특히 과거 도매상이 많았던 시절, 책 출고는 많은데 돈은 제대로 받지 못해 거래처의 잔액이 하염없이 쌓여가는 경우도 흔했다. 물론 유통사의 창고와 거래 서점에 책이 그대로 있을 수도 있다. 그러나 판매가 괜찮은 상황이라면, 당연히 받아야 할 도서 대금을 적절하게 회수해야 한다.

만약 재쇄를 준비해야 하는 상황이라고 가정해보자. 해당 도서가 어느 특정 유통사에 많이 출고되어 책이 그 유통사에 충분히 있음에도 불구하고, 다른 곳에 책을 급하게 납품해야 해서 재쇄를 찍어야 한다면 어떨까? 판매가 잘되는 책이라면 걱정 없겠지만, 애매한 책이라면 분명 나중에 반품으로 인한 손해가 발생할 수 있다. 즉, 안 찍어도 될 책을 찍게 되면서 제작 비용, 물류 비용, 보관 비용 등, 이중 삼중의 부담이 생길 수 있다는 뜻이다.

부도의 조짐이 보이는 거래처라면 잔고를 우선적으로 먼저 줄여서 최악의 경우 피해를 최소화해야 한다. 방법은 돈을 받거나 책을 받거나인데, 이런 상황에서 지불이 정상적일 리가 없으니 바로바로 반품 처리를 하는 것이 중요하다. 다급하다면 배본대행사를 거치지 말고 현장에서 바로 반품서 끊고 책을 회수해야 한다. 부도가 나면 자사의 도서임에도 권당 몇백 원씩 주고 사와야 하는 거짓말 같은 일이 실제로 많이 발생하기도 한다.

물론 요즘에는 책을 찍어도 보낼 데가 없다는 하소연을 할 정도로 유통사가 많지 않다. 그럼에도 거래처 매출채권 및 잔고 관리는 언제나 중요한 문제다.

신규 거래를 하게 될 경우에는, 거래 조건을 협상함에 있어서 공급률이나 결제 조건 등의 중요한 결정은 결코 쉽게 내려서는 안 된다. 한번 약정을 맺으면 중간에 재협상해서 바꾸기가 매우 어렵다. 공급률 몇 퍼센트가 회사 매출에 얼마나 크게 기여하는지, 베스트셀러가 생기면 체감하게 된다. 결제 조건도 현금을 받을지 팔리는 만큼 받을지 한도를 설정할지, 선결제인지 후결제인지 등이, 회사 재무 건전성과 직결된다. 기업은 매출을 아무리 올려도 현금이 없으면 망한다. 출판사도 다르지 않다.

정리하면, 유통은 마케터로서 반드시 알아야 하고 소통해야 하는 대상이면서 매출을 만드는 곳이다. 무엇보다 우리의 책이 어디서, 어떻게 팔리는지 알아야 하는 것은 너무 당연하지 않은가!

⑤ 판매 반응을 차갑게 보자

투자해야 할 때인가, 멈춰야 할 때인가!

마케터는 항상 2가지를 기억해야 한다.

누가, 왜 사는가? 그리고 얼마를 남길 것인가?

전자는 타깃과 콘셉트를, 후자는 이익을 말한다.

출판사가 책을 출간하면서 타깃독자를 설정하고 콘셉트를 담아 론칭하지만 꼭 의도대로만 되지 않는다. 예상과는 다른 독자들이 예상하지 못한 다른 이유로 구매하는 경우도 많다. 그러면서 배우고 다음 책을 출간할 때 조금 더 정교하게 다듬을 수 있도록 훈련되는 것이다.

이익 관점에서는 많이 팔고 조금 남길 것인가, 적게 팔아도 똘똘하게 남길 것인가를 생각해야 한다. 책마다 판매 사이즈가 다르고 파는 방법이 다르기에, 각자에 맞는 실행 전략을 세워야 한다.

베스트셀러로 가는 길이라면 초기에 마케팅 비용을 많이 집행해 빅셀러를 지향할 수도 있고, 판매 사이즈가 작다면 권당 마진을 많이 남기는 구조로 가야 한다.

출판사마다 다르겠지만 통상 매출목표 대비 10퍼센트 정도를 마케팅 비용으로 잡는다. 간혹 초기에 반응이 좋아 더 쓰게 되는 경우가 있다. 중요한 것은 좀 팔린다고 흥분할 것이 아니라, 그 판매 요인을 잘 살펴봐야 한다. 그런데 대개는 현장에서 반응이 온다고 일단 지르고 보는 경우가 많다. 이것이 맞다 그르다를 떠나서, 책에 따라 상황에 따라 다르겠지만 핵심은 '남긴다는 것', 즉 '영업이익'이다.

때문에 매출에 영향을 끼치는 지점에서 마케터가 결정할 수 있는 부분과 그렇지 않은 부분을 구분해서 관리해야 하고, 마케터가 직접 핸들링할 수 없는 비용은 (향후에 개선하더라도) 1차적으로 인지하고 있어야 한다. 즉 마케터의 머릿속에는 진행하는 책 한 권의 매출 구조, 비용 구조가 항상 자리 잡고 있어야 한다.

지금부터는 이 부분을 집중적으로 살펴보겠다.
먼저 매출 구조를 따져보자.

책 한 권의 매출 = 정가 × 공급률 × 판매부수

마케터가 컨트롤할 수 있는 요소는 무엇일까? 공급률은 거래처별로 세팅되어 있고, 판매부수는 예측할 수 없는 결과이니, 사실 정가밖에 없다.

예일대 셸리 케이건Shelly Kagan 교수의 『죽음이란 무엇인가Death』의 출간을 준비하면서 정가를 결정할 때의 일이다. 마케팅 회의 때 국내에 없는 차별화된 묵직한 철학

인문교양서이니 1만8000원은 매겨야 한다고 주장했고, 나를 제외한 모든 참석 인원들이 1만6800원을 언급했다.

책값은 결국 1만6800원으로 정해졌는데, 지금까지 수십만 부가 팔렸으니 정가를 다르게 책정했다면 추가 매출을 포함한 영업이익은 그만큼 늘어났을 것이다. (이 책에 대한 얘기는 뒤에 다시 하겠다.)

당시 회의 때도 얘기했었지만, 2001년 11월에 들녘 출판사에서 『교양Bildung』이라는 책이 출간되었다. 지금은 판매가격이 2만8000원으로 떨어졌지만, 출간 당시에는 정가가 3만5000원이었다. 그때만 해도 웬만한 단행본은 정가가 1만 원 전후로 형성되어 있었으니 상당히 비싼 책이었다. 그런 고가의 두툼한 벽돌책 『교양』이 교보문고 종합1위 자리를 꽤 오랫동안 지키고 있는 걸 보면서 책값에 대한 나의 생각은 많이 바뀌게 되었다. 3만5000원이면 사실 지금도 비싸다고 느껴지는 가격인데, 20년도 훨씬 전인 그 시절의 체감 가격은 도대체 어느 정도였을까?

또 다른 사례로, 몇 년 전에 출간되어 지금도 스테디하게 판매되는 김정운 저자의 정가 10만8000원짜리 인문교양서를 보면서, 역시 책은 가치의 문제로 접근해야 한다고 생각하게 되었다. 여하튼 그 이후로 내게는 콘텐츠만 자신 있다면, 특히 인문서의 경우, 가격 저항은 그리

크지 않다는 인식이 깊숙이 박히게 되었다.

그렇다면 정가는 무엇을 근거로 책정해야 할까?
여러 고려 요소가 있겠지만, 우선 정가는 책 제작원가들이 이미 결정된 상황에서 판단한다. 그래서 출간 직전 결정해도 된다. 초판부수, 마케팅 비용과 매출목표를 감안하여 가상 정가를 여러 차례 적용해 시뮬레이션을 한 후, BEP를 넘기는 저점 이상의 가격으로 책정해야 할 것이다.

두번째로, 같은 장르의 경쟁도서 정가도 참고해야 할 사항이다. 독자들에게 책은 언제나 대체제가 있다는 것을 명심하자.

마지막으로 물가 상승을 감안하여 '현실안주적'이 아닌 '미래지향적'인 마인드로 정가를 책정해야 한다. 돌이켜보면 불과 1, 2년 전 책이 매우 값싸게 느껴지는 경우가 많다. 제작원가에서 큰 비중을 차지하는 종잇값이 거의 매년, 그것도 여러 차례 오르는 현실이 있었음을 감안해야 한다.

다만, 무엇보다도 책이 주는 가치는 가격보다 커야 한다. 정가는 출판사에서 정하지만 구매 판단은 독자들이 한다. 한 권의 책이 독자들에게 책값 이상의 충분한 값어치를 하는지 언제나 살펴야 한다.

다음으로 비용 구조를 따져보자.

영업이익은 매출에서 모든 비용을 빼면 나오는 수치다. 매출을 늘리고 비용을 줄이면, 당연히 이익은 커진다. 그런 측면에서 책 한 권의 비용을 항목별로 살펴서 줄일 수 있는 포인트를 찾아내는 것이 중요하다.

비용은 크게 매출원가와 영업비로 분류해서 이해하면 좋다.

매출원가는, 책 한 권 제작하는 데 드는 직접 비용으로, 개발비 + 제작비 + 인건비를 말한다.

개발비는, 최초 저자로부터 받은 원고를 인쇄 직전까지의 상태로 만드는 데 들어가는 모든 비용이다. 선인세 비용부터 교정교열에 이르는 편집비, 책 꼴을 만들기 위한 표지디자인 및 본문디자인의 디자인비로 크게 구분할 수 있다. 원고에 외부 기획료가 있는 경우나 외서 번역비, 각종 촬영비, 이미지 구입비, 추천사 또는 감수에 해당하는 비용 등도 모두 개발비에 포함된다.

제작비는 종잇값, 인쇄비, 제본비로, 무슨 종이를 쓸지, 판형은 어떻게 할지, 본문은 몇 도로 할지, 띠지는 넣을 것인지, 후가공을 할 것인지 안 할 것인지, 양장으로 할지 무선으로 할지 등에 따라 달라진다. 관련해서 초판부수를 몇 부로 할지 결정하는 일이 매우 중요하다.

제작 비용이 더 들더라도 초판은 보수적으로 적은 수량을 인쇄하고 재쇄를 바로 들어갈 것인가, 출간 이후 상황을 감안했을 때 넉넉하게 찍어서 초기 제작 비용을 줄일 것인가를 잘 판단해야 한다. 즉, 재고를 줄일 것인가, 비용을 줄일 것인가, 합리적인 접점을 찾아 최적의 초판 부수를 결정해야 한다.

인건비는 그 책에 직·간접적으로 참여하는 사람들의 연봉을 적용하는 것이다. 당연히 에디터와 마케터의 인건비가 가장 높은 비중을 차지하고, 출판사 내부의 다른 부서 직원들도 역할에 따라 적절히 배분해야 한다. 이는 사업계획 시에 연간 출간하는 신간 종수에 따라 구성원들의 인건비를 각 권의 책에 적절히 물려야 한다.

통상 매출원가율이 높다, 낮다는 얘기를 많이 하는데, 매출원가율은 매출원가(개발비 + 제작비 + 인건비)를 매출(정가 × 공급률 × 판매부수)로 나누어 100을 곱해서 구한다.

$$\text{매출원가율} = \frac{\text{원가 (개발비 + 제작비 + 인건비)}}{\text{매출 (정가} \times \text{공급률} \times \text{판매부수)}} \times 100$$

매출원가는 비용이기 때문에 이익을 극대화하려면 매출원가율을 낮춰야 한다. 즉 매출원가의 구성요소인 개발비, 제작비, 인건비에서 앞서 언급한 세부내역 중 줄일 수 비용들은 무엇이 있는지 항목별로 살펴봐야 한다.

두번째 비용인 영업비에 대해 알아보자.
영업비의 사전적인 의미는 아래와 같다.
"기업의 영업활동에 드는 비용으로, 일반관리비와 제품의 판매에 드는 판매비로 나뉜다."
이를 출판에 적용시키면 매출과 연동되는 비용인 마케팅비, 물류비, 인세 그리고 고정관리비로 나눌 수 있다.
마케팅 비용은 책이 출간되면 기본적으로 하는 SNS 광고, 서점 광고 등을 포함한 프로모션 비용(광고비, 홍보비, 판촉비)으로, 책의 판매 사이즈에 맞게 책정하는 경우가 많다.
물류비는 창고에서 발생하는 비용으로, 책의 출고, 보관, 재생에 관련된 일체의 비용이다.
인세는 저자와 계약할 때 권당 정가의 몇 퍼센트로 지급할지 결정해야 하는데, 통상 10퍼센트로 정하는 경우가 많다. 원래는 인세도 저자에 따라 차등해서 비율을 정해야 하는데, 출판사별로 저자 확보 경쟁을 하다 보니 지금은 성인 단행본 기준 책 정가의 10퍼센트가 기본값으로 자리 잡아가고 있다. 개인적으로는 책을 처음 쓰는 저자와 이미 여러 권을 출간한 저자, 베스트셀러를 출판한 경험이 있는 저자를 구분 없이 적용하는 것은 온당하지 않다고 생각한다.

인세 1퍼센트를 더 주고 덜 주고가 뭐 그렇게 중요하냐고 여길 수 있겠지만, 조금만 들여다보면 엄청난 차이가 있음을 알게 된다. 한번 살펴보자.

출판사에서 저자에게 주는 인세는 정가 기준이다. 그런데 출판사의 매출은 정가 기준이 아니라 서점에 공급하는 공급가가 기준이다. 여기서 차이가 발생한다. 즉, 정가 1만 원짜리 책 1권을 팔면, 서점 공급률이 60퍼센트일 때 출판사의 매출은 6000원이다. 그런데 저자에게 지급해야 할 인세는 정가의 10퍼센트, 즉 1000원이니 출판사 매출 대비 16.7퍼센트가 인세 비용인 것이다. 만약 인세가 9퍼센트라면 15퍼센트가 비용이고, 11퍼센트라면 18.3퍼센트가 비용이다. 가끔 저자에게 12퍼센트 인세를 주는 경우도 있는데, 이럴 때는 무려 비용이 20퍼센트에 달한다. 베스트셀러 저자에게는 12퍼센트 또는 러닝 개런티 형식의 인세 적용도 가능하다. 따라서 저자 인세에 대해서도 마케터는 비용 관점에서 상승폭이 어느 정도인지 충분히 알고 있어야 한다.

통상 마케팅 비용 10퍼센트가 많다 적다를 얘기하지만, 대비해서 보면 인세가 차지하는 비중이 이렇게 더 높다. 물론 어떻게 보면 당연하다. 출판은 인세가 발생하는 산업이고, 저자와 코워크co-work해야 하는 업이기 때문에 잘되면 더 많이 보상할 때도 있다.

다만, 여기서는 비용 점유율 관점에서만 따지는 것이다. 판권이 소멸된 퍼블릭도메인이나 인세 없는 조건으로 책을 내는 경우 등이, 출판사의 영업이익에 얼마나 크게 기여하는지 이렇게 분해해서 보면 알게 된다.

영업비에서 이 3가지(마케팅비, 물류비, 인세)가 직접적인 비용으로 가장 크며, 경리 업무를 비롯한 기타 부서에 따라, 신사업 여부에 따라, 기발생한 또는 발생할 여러 항목에 대한 모든 비용을 자사에 맞게 적정 비율로 세팅하여 연간 출간 종수에 고정관리비 명목으로 뿌려서 넣는다.

세부적으로 더 나누는 것이 맞으나 그것은 출판사 회계 차원에서 해야 할 일이기에, 여기서는 기타비용의 평균값을 잘 설정해서 하나로 묶어서 보는 것이 더 효율적이다.

이제 비용의 모든 구성요소를 살펴보았다. 매출을 만

드는 원가, 즉 매출원가와 영업비 각각에 해당하는 요소를 분해해서 줄일 수 있는 변수 부분과 고정되는 상수 부분을 체크해야 한다.

매출에서 비용을 빼면 이익이다. 앞서 얘기했듯, 마케터가 매출을 올리는 관점에서 제어할 수 있는 유일한 부분은 정가 책정이고, 비용을 줄이는 관점에서 직접 제어할 수 있는 부분은 마케팅 비용을 콘트롤하는 것과 직·간접적으로 개발비와 제작비에 관여하는 것이다.

예를 들면, 판형, 장정 형태, 본문 인쇄 도수, 띠지 및 후가공 여부, 초판 발행부수 등은 회의를 통해서 일정 부분 바꿀 수 있다. 이때 에디터와 의견 충돌이 일어날 소지들이 많으니 적절한 업무 협의가 필요하다. 마케터는 이익 관점, 에디터는 책의 완성도 관점으로 서로 보는 지점이 다르기 때문에 그렇다.

이익 극대화 모델을 만들어놓고 내가 컨트롤할 수 있는 부분에 집중하는 훈련을 해보자. 그럼에도 불구하고 언제나 중요한 것은 적절한 퀄리티를 유지하는 일이다. 무조건 아낀다는 식으로 주장해서 혹시 책의 함량이 떨어진다면 비용 절감이 다 무슨 소용이란 말인가.

지금까지 설명한 것을 다음과 같이 [표2]로 정리했다.

1만 8000원짜리 책을 2000부 찍어서 모두 판매했다고 가정했을 때의 예시다. (매출액 2160만 원)

매출원가율은 46.3퍼센트로 가이드에 해당하는 비율과 비슷한데, 이것이 절대 표준은 아니다. 개발비, 제작비, 인건비의 내역은 회사마다 모두 다르다. 어디에 더 비중을 두고 있느냐의 문제인데, 개별적인 부분보다 매출원가율의 합산 비율이 어느 정도가 적절한지 판단해야 할 것이다.

그리고 마케팅 비용은 9.7퍼센트로 잡고, 물류비는 아

[표2] 비용 구조를 파악해 줄여야 하는 지점 찾기

점유율 가이드라인				예) 정가 18000원, 2000부 발행, 저자 인세 10%, 서점 공급률 60%	
매출액			100%	21,600,000원	100%
비용	매출원가	개발비	13%	3,000,000원	13.9%
		제작비	18% / 46%	4,000,000원	18.5% / (46.3%)
		인건비	15%	3,000,000원	13.9%
	영업비	마케팅비	10%	2,100,000원	(9.7%)
		물류비	4% / 34%	864,000원	4.0% / 33.4%
		인세	17%	3,600,000원	(16.7%)
		고정관리비	3%	648,000원	3.0%
영업이익			20%	4,388,000원	20.3%

직 출고하지 않았지만 해당 출판사의 연간 평균값을 넣으면 된다. 인세는 저자에게 정가의 10퍼센트를 지급하지만, 앞서 설명한 대로 출판사 매출 기준으로 적용하면 16.7퍼센트다.(16.6666…인데 반올림해서 16.7임) 여기까지가 책에 직접 투여된 비용이고, 기타 고정관리비는 앞에서 언급한 대로 적정 비율을 설정한다.

매출액에서 모든 영업비를 포함한 전체 비용을 빼면 영업이익이 438만8000원이다. {매출액-비용(매출원가+영업비)=영업이익} 그리고 영업이익률은 20.3퍼센트가 된다.

다만, 뒤에 나오는 [표4]와 [표5]처럼 비용이 표기되어 있지 않는 경우, 영업이익률 계산은 $\{(\frac{영업이익}{매출액}) \times 100\}$으로 구하면 되고, 그 의미는 이익이 매출액에서 차지하는 비율을 말한다.

그런데 위 사례는 어디까지나 초판1쇄를 다 팔았다고 가정했을 때의 즐거운 상황이다. 출간 직후 이 시뮬레이션을 활용하게 되면 사실상 마케팅 비용을 제외하고는 이미 모든 것이 결정된 이후이기에, 마케팅 비용을 늘려서라도 초판을 모두 판매하는 전략을 세워야 한다. 숫자상으로 영업이익이 20퍼센트가 되면 뭐하겠는가. 매출이 없으면 당연히 이익도 없다.

만약 영업이익 20퍼센트에 해당하는 금액을 마케팅 비

용으로 모두 투입시켜서 초판 2000부를 다 판매했다면, 이때는 영업이익이 0원이 되고 손익분기점 즉, BEP 부수는 2000부가 되는 것이다.

 앞의 [표2]대로 1쇄를 모두 소진한다면 2쇄부터는 비용 측면에서 개발비가 더 이상 투입되지 않기 때문에 영업이익으로 그대로 환입되고, 마케팅비는 판매 증가로 인해 더 올라갈 수도 있다.

 국내서를 예로 들었지만, 외서의 경우는 위의 표를 적용해보면 개발비가 훨씬 많이 늘어난다. 일단 외서 선인세 금액이 통상 국내서보다 높을 것이고, 번역비도 새롭게 발생되는데 이 금액이 적지 않다. 선인세 금액이 큰 대신 인세율은 국내서보다 낮아서 권당 지급해야 할 인세가 적어지고, 영업비에서 인세가 차지하는 비율이 상대적으로 많이 떨어진다.

 그러니 [표2]를 참고해 비용 구조를 쪼개서 파악해 줄일 수 있는 지점들을 찾아보자. 그리고 자사의 환경에 맞게 변형해서 실제 사례를 대입해 활용하면 도움이 될 것이다. 비용에 해당하는 부분의 비중은 출판사별로 모두 다를 것이나, 제일 하단의 영업이익은 20퍼센트를 목표로 잡아서 예시로 들었다. 그런데 이것은 가능한 목표일까? 도대체 출판사는 영업이익을 몇 퍼센트로 책정하는 것이 효과적일까?

우리나라 제조업 평균 영업이익률이 10퍼센트가 안 되지만, 출판은 흥행 산업이기도 해서 베스트셀러와 스테디셀러가 있고 비용 관리만 잘하면 영업이익률은 가볍게 두 자리 숫자를 기록할 수 있다. 그리고 외주시스템이 너무 잘되어 있어서 고정비를 줄일 수 있는 장점도 있다. 편집, 마케팅, 디자인, 심지어 기획까지 외부 인력과 협업해서 진행이 가능하다.

그래서 나는 출판사에서 영업이익률을 도전적으로 20퍼센트는 잡으라고 말하고 싶다. 앞서 비용에서 보았듯 저자 인세는 매출 대비 16.7퍼센트(인세율 10퍼센트일 경우)를 차지한다. 책 한 권을 팔았을 때 저자의 수익이 그 정도이니, 출판사는 그보다는 좀더 많이 남아야 안정된 살림살이로 미래를 위한 투자까지 준비할 수 있지 않을까?

그렇다면 단행본 출판사 영업이익률 20퍼센트는 과연 꿈의 숫자일까?

일단 [표3]을 살펴보자.

표본 숫자가 많지는 않지만, 2023년과 2022년 단행본

[표3] 전체 및 출판 부문별 영업이익(2022~2023년)

출판 부문 (업체 수)	2023년				2022년		
	영업이익 합계	영업이익 평균	영업이익 증감률	영업 이익률	영업이익 합계	영업이익 평균	영업 이익률
단행본 (203개 사)	14,758	73	-3.4%	13.1%	15,279	75	13.0%
교육 (26개 사)	5,751	221	-9.6%	25.0%	6,362	245	26.2%
학술·전문 (38개 사)	4,133	109	-23.7%	10.4%	5,418	143	12.2%
전체 (267개 사)	24,642	92	-8.9%	13.9%	27,059	101	14.1%

영업이익은 총매출액과 총매출액 대비 영업이익 비율을 곱한 값임 단위 : 백만 원
출처) 2023년 출판시장 통계보고서(대한출판문화협회)

203개 사의 평균 영업이익률이 대략 13.1퍼센트, 13.0퍼센트였다.

그렇다면 출판사별로는 어떨까?

[표4], [표5]에서 매출액 현황과 영업이익 현황을 비교해가면서 보면, 2023년 매출 1위 다산북스는 매출액 400억 원에 영업이익 25억 원으로 영업이익률 6.4퍼센트, 매출 2위 북이십일은 매출액 353억 원에 영업이익 65억 원으로 영업이익률 18.6퍼센트를 기록한 것을 알 수 있다. 표에서 보듯, 영업이익률 20퍼센트는 매출 상위권 출판

[표4] 단행본 출판 부문 주요 출판사의 매출액 현황(2021~2023년)

순위		기업	매출액		이전 매출액		비고
2023	2022		2023	증감률	2022	2021	
1	3	(주)다산북스	40,043	20.6	33,215	27,336	
2	5	(주)북이십일	35,350	8.2	32,670	34,894	
3	1	(주)김영사	33,271	-6.7	35,674	31,550	
4	2	(주)위즈덤하우스	32,786	-2.6	33,651	37,706	
5	4	(주)문학동네	32,255	-2.5	33,093	29,157	
6	6	(주)창비	25,468	-12.6	29,128	29,306	
7	7	(주)웅진씽크빅 (단행본)	24,811	-9.4	27,384	27,933	
8	9	(주)도서출판길벗	23,705	-1.0	23,955	25,978	
9	12	(주)사회평론	19,338	-0.6	19,448	20,814	
10	11	(주)이퍼블릭코리아	19,252	-2.2	19,682	19,685	
11	10	(주)시공사	18,748	-11.9	21,285	26,196	
12	8	(주)비룡소	18,577	-24.7	24,666	27,159	
13	15	(주)성안당	15,574	5.5	14,756	15,554	
14	13	(주)한빛미디어	14,943	-2.7	15,356	14,284	2021년 매출액은 6월 결산 기준
15	16	(주)민음사	14,264	-2.1	14,574	14,833	
16	18	(주)알에이치코리아	13,610	5.9	12,851	15,412	
17	14	(주)예림당	12,817	-14.2	14,939	15,868	

출처) 2023년 출판시장 통계보고서(대한출판문화협회) 단위 : 백만 원, %

[표5] 단행본 출판 부문 주요 출판사의 영업이익 현황(2021~2023년)

순위 2023	순위 2022	기업	영업이익 2023	증감률	이전 영업이익 2022	이전 영업이익 2021	비고
1	1	(주)북이십일	6,576	9.0	6,035	7,735	
2	3	(주)웅진씽크빅 (단행본)	4,866	-8.7	5,332	6,418	
3	5	(주)사회평론	4,654	20.6	3,858	4,240	
4	2	(주)문학동네	3,216	-44.2	5,765	3,469	
5	13	(주)다산북스	2,565	492.4	433	356	
6	4	(주)비룡소	2,151	-49.8	4,289	6,037	
7	6	(주)창비	1,710	-38.1	2,762	2,627	
8	11	(주)민음사	1,568	38.1	1,135	1,697	
9	9	(주)학지사	1,491	-16.7	1,789	2,399	
10	10	(주)위즈덤하우스	1,426	-4.6	1,494	-1,072	
11	12	(주)성안당	1,260	14.5	1,100	1,742	
12	15	(주)도서출판길벗	945	242.4	276	2,075	
13	19	(주)이퍼블릭코리아	818	흑자 전환	-120	783	
14	7	(주)한빛미디어	743	-67.8	2,307	3,063	2021년 미출액은 6월 결산 기준
15	14	(주)알에이치코리아	341	10.4	309	1,116	
16	21	(주)와이엘씨	310	흑자 전환	-727	162	구 (주)영림카디널
17	8	(주)예림당	279	-87.1	2,155	2,101	
18	16	(주)가나문화콘텐츠	27	-49.1	53	365	

출처) 2023년 출판시장 통계보고서(대한출판문화협회)

단위 : 백만 원, %

사에서 달성하기 어려운 수치일까?

그런데 자세히 살펴보면 웅진씽크빅 단행본이 매출액 248억 원에 영업이익 48억 원으로 영업이익률 19.6퍼센트를 기록했고, 사회평론은 매출액 193억 원에 영업이익 46억 원을 기록해 무려 영업이익률 24퍼센트를 기록했다. 결코 불가능하지 않은 실현가능한 숫자라고 통계는 보여주고 있다.

한편 서점은 어떨까?

기본적으로 유통사는 완제품을 매입해서 파는 곳이기 때문에 영업이익이 제조사만큼 좋을 수는 없다. 출판사는 생산원가가 매출원가이지만, 유통은 매입원가가 매출원가이다. 정가 1만 원짜리 책을 6000원에 출판사에서 공급받아 9000원에 소비자에게 판매하는 높은 매출원가율로 인해 수익률은 당연히 떨어질 수밖에 없다.

[표6]에서 보면 2023년 매출 1위 교보문고는 영업이익이 마이너스(-)다. 2위 예스24는 매출액이 6400억 원이 넘는데 영업이익은 90억 원이 살짝 넘어 영업이익률은 1.4퍼센트다. 3위 알라딘이 좀 놀라운데, 매출액 4600억 원에 영업이익이 140억 원으로 영업이익률이 3퍼센트다. 매출은 3위이지만 영업이익률은 단연 1위다. 물론

[표6] 주요 서점의 매출액 및 영업이익 현황(2022~2023년)

기업	2023년				2022년	
	매출액	증감률	영업이익	증감률	매출액	영업이익
(주)교보문고	901,374	8.3	-36,047	적지 유지	832,379	-13,888
예스24(주)	641,894	-0.8	9,055	-45.7	646,765	16,683
(주)알라딘 커뮤니케이션	464,998	0.8	14,058	-11.8	461,100	15,942
(주)영풍문고	139,068	5.4	1,919	63.6	131,953	1,173
(주)리브로	16,802	0.0	-350	적자 유지	16,795	-309
합계	2,164,136	3.6	-11,365	적자 전환	2,088,992	19,601

출처) 2023년 출판시장 통계보고서(대한출판문화협회) 단위 : 백만 원, %

여기에는 우리 모두가 아는 것처럼 중고서점 매출이 포함되어 있고, 그것이 영업이익에 얼마나 크게 기여하는지 단적으로 알 수 있다.

다시 정리하면, 마케터는 매출 구조와 비용 구조를 파악하고 실제 투입된 금액을 알고 있어야 한다. 그래야 매출과 연동해 재무 건전성을 확보할 수 있으며, 책의 판매 추이를 염두에 두고 남아 있는 재고까지 감안해서 의사 결정을 할 수 있다. 더 투자해서 팔아야 할 때인지, 멈춰서 이익을 보존해야 할 때인지, 그 판을 잘 읽어야 한다.

(다음의 [표7], [표8]은 2024년 출판시장 통계보고서에서 가져온 자료입니다. 위의 내용을 참고해서 각자 분석해보세요.)

[표7] 단행본 출판 부문 주요 출판사의 매출액 현황(2022~2024년)

순위		기업	매출액		이전 매출액	
2024	2023		2024	증감률	2023	2022
1	5	(주)문학동네	46,334	43.6%	32,255	33,093
2	6	(주)창비	42,675	67.6%	25,468	29,128
3	1	(주)다산북스	39,123	-2.3%	40,043	33,215
4	3	(주)김영사	33,708	1.3%	33,271	35,674
5	4	(주)위즈덤하우스	33,437	2.0%	32,786	33,651
6	2	(주)북이십일	33,423	-5.5%	35,350	32,670
7	7	(주)웅진씽크빅 (단행본)	26,502	6.8%	24,811	27,384
8	8	(주)도서출판길벗	23,979	1.2%	23,705	23,955
9	9	(주)사회평론	20,686	7.0%	19,338	19,448
10	10	(주)이퍼블릭코리아	17,935	-6.8%	19,252	19,682
11	15	(주)민음사	16,646	16.7%	14,264	14,574
12	13	(주)성안당	16,542	6.2%	15,574	14,756
13	14	(주)한빛미디어	15,643	4.7%	14,943	15,356
14	11	(주)시공사	13,763	-26.6%	18,748	21,285
15	12	(주)비룡소	12,834	-30.9%	18,577	24,666

출처) 2024년 출판시장 통계보고서(대한출판문화협회)　　　　단위 : 백만 원

[표8] 단행본 출판 부문 주요 출판사의 영업이익 현황(2022~2024년)

순위		기업	영업이익		이전 영업이익	
2024	2023		2024	증감률	2023	2022
1	4	(주)문학동네	12,751	296.5%	3,216	5,765
2	7	(주)창비	8,393	390.8%	1,710	2,762
3	1	(주)북이십일	5,816	-11.6%	6,576	6,035
4	3	(주)사회평론	4,452	-4.3%	4,654	3,858
5	2	(주)웅진씽크빅(단행본)	3,728	-23.4%	4,866	5,332
6	10	(주)위즈덤하우스	2,443	71.3%	1,426	1,494
7	8	(주)민음사	2,418	54.2%	1,568	1,135
8	5	(주)다산북스	1,718	-33.0%	2,565	433
9	9	(주)학지사	1,659	11.3%	1,491	1,789
10	11	(주)성안당	1,248	-1.0%	1,260	1,100
11	6	(주)비룡소	1,217	-43.4%	2,151	4,289
12	14	(주)한빛미디어	1,031	38.8%	743	2,307
13	21	(주)김영사	891	흑자 전환	-2,240	-504
14	18	(주)가나문화콘텐츠	437	1518.5%	27	53
15	13	(주)이퍼블릭코리아	407	-50.2%	818	-120

출처) 2024년 출판시장 통계보고서(대한출판문화협회)   단위 : 백만 원

⑥ 판세를 읽는 눈을 키워라

전체 판에서 현재 상황을 판단할 수 있어야 한다.

앞서 얘기한 책의 마케팅 비용을 더 집행해서 추가로 판매 동력을 만들어야 할지 말아야 할지 어떻게 판단할 수 있을까? 그것은 해당 책의 마케팅 상황과 시장 판매 현황을 제일 잘 알고 있는 담당자가 미래를 예측하여 의사결정을 내릴 수 있을 것이다.

관련해서 이번 장은 '판을 본다'라는 주제를 다루려 한다.

판세를 읽는다는 것은 '전략적인 사고'를 필요로 한다. 그렇다면 전략적인 사고란 무엇인가? 과거, 현재, 미래까지 이어지는 흐름의 큰 그림을 보고 의사결정을 내리는 것이다. 어떠한 흐름이 트렌드라 할 만한 것인지, 일시적인 유행인지, 나름대로 해석하고 판단하는 힘이 바로 전략적 사고의 첫번째다.

이는 우리가 책을 마케팅할 때나 기획할 때, 특별히 감안해야 한다. 현재의 어떤 현상이 일시적이거나 거품이라면, 그 현상과 관련해서 기획한 부분은 실패 확률이 높을 것이다. 기획한 책이 출간으로 이어지려면 일정 시간이 걸리기 때문이다. 한편 마케팅을 하는 책의 방향이 새로운 트렌드와 연결되는 것이라면, 성공 확률은 그만큼 올라갈 것이다. 결국 내 것을 잘 알고, 시장의 시그널을 잘 읽고 해석하는 것이 매우 중요하다.

1) 일반인과 현자와의 대화로 구성되어 있는 『미움 받을 용기』는 알프레드 아들러Alfred Adler의 심리학을 다루고 있다.

이 책은 일본에서 엄청난 베스트셀러가 되면서 2014년 겨울, 한국에서 번역 출간을 앞두고 있는 상황이었다. 국내에 아들러 책이 전혀 없었던 것은 아니었지만 그의 이름조차 처음 들어본 사람이 더 많을 정도로 매우 생소한 인물이었다. 그런 그의 사상을 다룬 대중서가 일본에서 좋은 반응을 얻었다고 과연 한국 시장에서도 먹힐 수 있을까?

이러한 판을 매우 긍정적으로 읽고 판단한 변지영 저자는, 아들러의 수많은 책들 중에서 자신만의 콘셉트에 맞는 필요한 글들을 직접 번역하여 편저 형식으로 책을 출간했다. 『항상 나를 가로막는 나에게』라는 제목으로 『미움 받을 용기』보다 5개월 먼저 냈다.

"프로이트, 융과 함께 심리학의 3대 거장 알프레드 아들러 어록 최초 출간!"이라는 카피를 표지에 넣어, 국내에 아들러 심리학 신드롬이 일 것이라는 믿음을 가지고 발 빠르게 움직였고, 지금까지 총 3만 부가 판매되었다.

알 리스Al Reis와 잭 트라우트Jack Trout의 마케팅 고전서 『마케팅 불변의 법칙The Immutable Laws of Marketing』

[그림4]
아들러 심리학을 다룬
두 권의 베스트셀러

2014년 6월 12일 출간   2014년 11월 17일 출간

속 22가지 법칙 중에서 제1법칙이 바로, '선도자의 법칙 The Law of Leadership'이다. 즉, '더 좋은 것보다는 맨 처음이 낫다'라는 뜻으로, 책 안에 이런 글이 수록되어 있다.

"마케팅에 있어서 기본적인 요소는 최초로 뛰어들 수 있는 영역을 만드는 일이다. 이것이 바로 선도자의 법칙이다 (…) 그렇다고 맨 처음 나온 것이 모두 성공하는 것은 아니다. 타이밍이 중요하다. 최초라고 내놓은 것이 너무 늦을 수도 있다."

『항상 나를 가로막는 나에게』를 위 문장에 적용시켜 파악해보자. 『미움 받을 용기』의 성공을 확신하고 그 이후에 무수히 쏟아질 아들러 심리학 책들을 예상해, 너무 늦지도 빠르지도 않은 적절한 타이밍에 최초로 출간함으로써, 앞으로 충분히 형성될 것이라고 확신한 시장의 선두에 섰다고 볼 수 있다.

판세 예측과 전략적인 사고를 기반으로 지금 무엇을 해야 할 것인지 결정해서 성공한 케이스로 볼 수 있다.

2) 2009년에 리처드 탈러Richard Thaler의 『넛지Nudge』라는 책이 출간되었다. 명령이나 강제하지 않고 부드러운 권유 정도로 상대의 행동을 변화시킨다는 행동경제학을 다룬 책인데, 당시 출간과 동시에 대대적으로 언론 서평을 받고, 각 기관 선정도서 및 청와대 추천도서 등으로 지정되어 출간 초기에 폭발적으로 판매되었다.

그런데 영어 'Nudge'는 '팔꿈치로 콕 찌르다'라는 뜻으로, 이 책 출간 전까지는 우리나라 사람들에게 아주 생소한 영어 단어였다. 당시 제목 회의 때 에디터는 한글로 '넛지'라고 하자는 의견이었고, 무슨 뜻인지 알 수 없는 외래어를 책 제목으로 붙였을 때 시장에서 실패한 사례가 많아서 나를 포함해 반대하는 의견도 만만찮게 많았다. 하지만 지금까지 잘 안됐다고 앞으로도 그러리라는 법은 없기에, '넛지'로 명명해야 한다는 이유 또한 설득력이 있었다. 결국 책의 제목은 『넛지』로 정해졌고, 생소한 영어 제목으로 크게 성공한 대표적인 사례가 되었다.

책에 소개된 쉬운 넛지 사례로는 '소변기 속 파리 스티커 부착'인데, 남자 화장실 소변기에 파리 스티커를 하나

붙였더니 스티커가 없었을 때보다 화장실 위생 상태가 더 좋아졌다는 암스테르담공항 이야기였다. 책이 출간되고 시장의 반응도 좋아서였는지 어느 순간 교보문고 화장실 소변기에도 파리 스티커가 붙어 있었다.

『넛지』는 6개월 만에 10만 부를 넘기며 베스트셀러가 되었으나 이후 판매 동력이 급격히 떨어져가고 있었다. 다시 우상향 곡선을 그릴 터닝포인트가 필요한 상황이었다. 당시 나는 사무실에 오는 종이 신문을 빼놓지 않고 보곤 했는데, 어느 날 작은 기사 하나가 눈에 들어왔다.

영등포구 어느 지역 담벼락에 매번 쓰레기가 쌓여 경고 문구 등을 붙이며 재발 방지를 위해 아무리 노력해도 전혀 개선되지 않았는데, 구청 한 공무원의 아이디어로 깨끗하게 개선되었다는 것이다. 경고 문구 대신 담벼락에 장미꽃 넝쿨을 조성했더니 불법 쓰레기 투기가 사라졌다는 내용과 함께 '넛지 효과'라고 글은 마무리되었다. 온몸에 전율이 돋는 순간이었다.

'넛지'라는 단어가 그 사이 보통명사로 바뀌어 활용되고 있구나. 아니 앞으로 더 많이 쓰이겠네!'라는 생각과 더불어 '넛지라는 키워드를 입소문 낸다면, 결국 그 시작 지점인 책이 팔릴 수밖에 없겠다'라는 결론에 이르렀다.

마케팅 회의를 소집하고 여러 차례 내부 정리를 통해

[그림5] 넛지 공모전 포스터

환경부에 정식으로 '넛지 공모전'을 제안했다. 다행히 환경부에서도 좋은 아이디어라며 흔쾌히 받아들여, 정부부처와 함께 공동마케팅을 진행하게 되었다.

영등포구 담벼락 꽃 설치 같은 실사례 또는 넛지를 적용한 환경 개선 아이디어를 접수받고 우수한 내용을 뽑아 환경부장관 표창을 하는 등, 푸짐한 시상내역을 준비했다. 대외 홍보도 필요하고 규모를 키우기 위해서 언론사 한 곳도 동참시켜서 3사가 공동주관하는 형식으로 외형을 키웠다. 이 행사는 정부기관이 참여한 만큼 전국 주민센터를 비롯한 공공기관에 행사 포스터가 붙는 등 많은 관심 속에 진행되었다.

어느 날 신문기사 속에서 본 단어에 꽂혀 검색했더니 이미 넛지 관련 기사가 드문드문 올라오는 것을 알게 되었다. 그렇다면 '넛지'가 생활용어로도 충분히 가능하지 않을까라는 생각이 들었고, 이게 새로운 트렌드의 시작이라면 지금 우리는 무엇을 해야 할까라는 판단을 했던 것이다.

책은 한참 후 저자가 노벨경제학상을 받으며 또 한 번 '넛지 신드롬'이 일었다. 이후 『넛지』처럼 행동경제학과 관련된 다양한 콘셉트의 도서들이 꾸준히 출간되었고, 넛지 마케팅, 넛지 디자인, 넛지 헬스케어 등 새로운 분야로 키워드는 점점 확산되었다.

2025년 들어서 정말 많은 출판사들이 힘들어한다. 이전까지 경험한 적 없었던 어려움이 몰아치는데, 문제는 그 끝이 보이지 않는다고들 한다. 물론 자영업이나 소규모 제조 업종이 다 비슷하겠지만, 그럼 출판사들은 이 위기를 어떻게 돌파해야 할까?

모두 다 알듯, 위기는 누군가에게는 위협이지만 또 누군가에겐 기회이기도 하다. 정치사회 분야 책을 출판하거나 관련 이슈가 있는 책을 준비하는 출판사라면 대선 전 혼란한 정국 이후를 어떻게 예측하느냐에 따라 명암

이 갈릴 수 있겠다. 기획을 해서 원고를 쓰고 출판하기까지 시간이 꽤 걸리는데, 출간 시점에 예측했던 상황이 전개되느냐 그렇지 않느냐는 책의 운명과 직결된다. 때문에 무엇보다 판세를 읽는 예리한 눈과 정확한 통찰이 요구되는 것이다.

다른 분야 책을 담당하는 마케터에게도 상황은 똑같다. 지금까지 어려웠으니 아무 대책 없이 비바람을 맞을 것인가, 아니면 피할 곳을 찾을 것인가, 오히려 상황을 반전시킬 계획을 준비할 것인가, 현명한 선택이 중요하다. 특히 2025년에는 이 이슈가 출판사의 생존과 직결될 정도로 엄중하다는 인식을 가지고, 지금 당장 깊은 고민과 선택이 필요하겠다.

종이책 산업이 점점 하락 추세로 간다는 시그널을 모르는 사람은 없다. 그렇다고 사람들이 보고 듣기만 하고 읽지는 않을까? 그렇지 않다면 새로운 기회는 어디에 있을까?

밀리의서재는 창립한 지 10년도 안되었지만, 2023년 전자책 플랫폼 주요 기업 매출액 순위 6위에 랭크되었다.([표9] 참조) 또 영업이익과 매출액이 해마다 가파르게 늘어나고 있다. 밀리의서재 설립자 서영택 대표는 예

[표9] 전자책 플랫폼 부문 주요 기업의 매출액 현황(2021~2023년)

순위		기업	매출액		이전 매출액		비고
2023	2022		2023	증감률	2022	2021	
1	1	네이버웹툰(유)	754,248	37.4	548,854	355,326	
2	2	리디(주)	215,401	-0.1	215,666	199,073	
3	3	(주)키다리스튜디오	84,924	-0.4	85,237	54,016	
4	4	(주)레진엔터테인먼트	77,781	-0.7	78,330	61,342	
5	5	(주)탑코	66,993	-6.5	71,665	65,856	
6	8	(주)밀리의서재	(56,573)	(23.4)	45,830	28,857	
7	7	(주)문피아	52,327	10.8	47,246	43,037	
8	6	(주)투믹스글로벌	46,986	-10.6	52,553	42,996	
9	9	미스터블루(주)	30,618	0.9	30,355	28,572	
10	11	(주)인플루엔셜_윌라	21,494	-0.8	21,658	19,802	
11	12	(주)핑거스토리	18,425	5.8	17,409	16,339	
12	10	(주)투믹스	17,514	-27.7	24,234	24,725	
13	13	(주)북큐브네트웍스	14,519	-8.6	15,878	14,188	
14	15	(주)스토리위즈	12,002	11.9	10,725	8,207	
15	14	(주)조아라	10,683	-22.5	13,790	16,158	
소계 (15개사)			1,480,488	15.7	1,279,430	978,494	

출처) 2023년 출판시장 통계보고서(대한출판문화협회)   단위 : 백만 원, %

전 웅진씽크빅 대표 시절 아동도서의 대여 시장을 보면서 '성인 도서 시장은 안될 이유가 무엇이 있을까?' '종이 책보다는 전자책이 더 낫지 않을까?'를 생각했을 것이다. 그리고 결국 성인을 위한 단행본 전자책 대여 모델로 회사를 창업했다. 이후 모든 온라인 서점들이 뒤늦게 전자책 대여 사업에 뛰어들고 있다. 밀리의서재가 새로운 시장을 개척한 것이다.

또 알라딘은 사실 중고서점 덕분에 온라인 서점 3강 체제에서 살아남았다. 지금까지 많은 인터넷서점들이 있었지만 합병되거나 문을 닫았다. 알라딘은 처음부터 3위로 시작했고 여전히 매출액은 3위지만, 앞에서 살펴본 대로 영업이익률은 압도적인 1위다. 모두 중고서점으로 인한 성과다.

알라딘은 그럼 그 옛날 어떻게 중고서점을 시작하게 되었을까? 도서 시장의 상수도가 있으면 하수도 있는 법. 흔히 말하는 헌책방 시장의 미래를 보았던 것이다. 기존의 헌책방은 지역 내에 산발적으로 존재했는데, 알라딘이 전국 단위의 프랜차이즈 조직화를 통해 중고서점을 기업화하면서 무섭게 성장해왔던 것이다. 물론 도서정가제라는 정책 변화의 덕을 톡톡히 본 점도 무시할 수 없다.

두 사례 모두 남들이 보지 못한 판을 봄으로써 성공했다고 할 수 있다. 판세를 읽는다는 것은 전체 속에서 현재를 제대로 보는 것이며, 전체와 부분을 동시에 본다는 의미다. 아울러 다양한 세상 읽기에 도움이 되는 지속적인 수단도 가지고 있어야 한다.

도달해야 할 이상적 목표가 있다면, 그곳에 이르는 부분들의 역할과 특성을 정확하게 알고 있어야 하며, 부분들을 조율할 능력이 있어야 하고, 무엇보다 철저한 실행 계획을 세워야 할 것이다. 추진력, 사업적 감각, 인재 관리가 뒷받침되어야 하는 것은 물론이다.

⑦ 타이밍을 놓치면 안 된다

책이 판매될 때 나타나는 신호를 놓치지 말거나,
내가 정교하게 만들거나!

출판사 마케터는 책이 출간되면 늘 조급하다. 준비한 것이 많고 하나씩 순차적으로 프로모션을 하는데, 시장의 반응이 없거나 기대보다 너무 느리다고 생각하니 더욱 그렇다.

그런데 독자 입장에서 보면 이건 너무 당연한 것이다. 누구나 알 만한 명사의 책이거나 엄청난 이슈 속에 출간되었거나 팔로워가 많은 SNS 스타들의 책은, 대개 대기 독자들이 확실하니 기다렸다는 듯 빠르게 팔린다. 그런데 그렇지 않은 책들은 독자의 손에 쥐어질 때까지 분명 절대적인 시간이 필요하다. 책마다 그 시간은 다르겠지만, 마케터들의 시간보다는 분명 속도가 느리다.

독자들이 내 책의 존재를 알았다고 해도 구매할지 여부를 알 수 없고, 산다고 해도 바로 읽는다는 보장도 없으며, 명확한 의지가 있어야만 읽는다는 책의 특성이 있기 때문에 언제 구매해 읽을지 마케터는 알 수 없는 노릇이다. 게다가 책이 웬만큼 재미있거나 감동적이거나 마음에 들지 않으면, 독자들의 자발적인 서평도 기대하기가 쉽지 않다.

출판사에서 출간과 동시에 서평 이벤트를 하는 것도, 결국 독자들의 최종 구매 단계에서 선택의 마지막 관문으로서의 역할을 할 수도 있다는 생각이 크기 때문이다.

온라인 쇼핑몰에서 물건을 구매하면서 상품평을 보는 것처럼 자연스러운 일이다. 하지만 준비된 모든 프로모션이 끝났는데도 여전히 독자들의 반응이 미진하면, 대체로 마케터들은 그 책에 대한 운명을 너무 빨리 판단해버리는 측면이 있다. 이것저것 다 했는데도 판매가 안 된다고 말이다. 물론 그 판단이 맞을 수도 있다.

그런데 독자들은 언제나 늦게 응답한다는 사실도 간과해서는 안 된다. 독자들의 피드백은 늦고 마케터는 또 다른 신간을 준비해야 하니까, 이미 불 같은 의욕은 새 책으로 향해 있어서 기존 책의 판매 흐름에 그다지 관심을 두지 않게 된다. 이 책에 대해서는 할 것 다 했고 다른 책도 마케팅을 시작해야 하니, 이미 진행한 책에 대한 나의 할 일은 끝이라고 여기는 경우가 많은데 위험한 생각이다. 마케터는 시장에서 판매되고 있는 자사의 모든 책에 대한 판매 흐름 및 촉을 놓아서는 안 된다.

만약 판매 반응이 미약하나마 오는 것을 알아차리고 때를 놓치지 않고 적절한 처방을 통해 매출을 끌어올린다면, 그것만큼 마케터로서 희열을 느끼는 순간이 없다.

1) 같은 강남에 있는 서점이라도, 코엑스에 있는 서점의 독자층과 고속버스터미널에 있는 서점의 독자층은 분

명히 다르다. 예전에 반디앤루니스와 영풍문고가 있었던 시절에 똑같은 에세이를 진열, 판매했는데, 매일 판매를 체크해보니 영풍문고에서는 책 판매가 계속 부진했고 반디앤루니스는 조금씩 판매 반응이 오고 있었다. 이것은 책이 마케터에게 주는 중요한 신호다. 해당 서점만 POP를 설치하고, 다중 진열을 하고, 매장 행사에 참여하는 등 집중적이고 꾸준하게 관리했더니, 영풍문고에서는 순위권에 없는 책이 반디앤루니스에서는 판매가 점차 올라 에세이 베스트 1위부터 5위 사이를 꾸준히 유지하였다.

조금씩 책이 팔린다는 조짐을 그냥 무시하고 '강남 A서점에서 안 팔리는데 B서점에서 팔릴 리 없지'라고 쉽게 치부해버리면 새로운 매출은 그냥 사라지는 것이다.

"책은 출판사에서 손을 놓는 순간 독자들이 찾기 시작한다"는 서늘한 메시지가 늘 잠재하고 있음을 잊지 말아야 한다. 그리고 어느 구름에서 비가 내릴지 모르듯, 어떤 책이 갑자기 팔릴지 아무도 모른다. 촉을 잘 세워 진짜 집중해야 할 때를 놓치지 말아야 한다. 그것이 진정한 마케팅(market+ing)이다.

2) 출간 시점을 언제로 잡을 것인가도 매우 중요하다. 타이밍 자체가 엄청난 마케팅 이슈를 만들어내기도 한

다. 정치적인 이슈나 시사적인 이슈 중심에 있는 책은 말할 것도 없거니와, 전략적으로 출간 시기를 잡아야 하는 책도 있다.

과거 웅진씽크빅 임프린트 엘도라도 대표 시절, 셸리 케이건 저자의 『죽음이란 무엇인가』의 마케팅 회의를 할 때의 일이다. 이 책은 죽음을 철학적이고 이성적으로 조명하고 있는 내용으로 예일대 학부생들을 대상으로 강의했던 콘텐츠이다. 국내에 출간된 죽음과 관련한 책 대부분은 감성적이고 종교적인 내용이었던 터라 충분한 차별화 포인트가 있고, 철학인문서를 좋아하는 독자들에게 충분히 어필할 수 있겠다는 희망적인 예측을 했다.

다만 당시 치열하게 회의를 했던 포인트 중 하나가, 책 제목에 '죽음'이란 키워드를 넣을 것인가 말 것인가의 문제였다. 당시 시장조사를 해보니, 기존까지는 제목에 죽음이란 키워드는 일종의 금기어처럼 되어 있어서 죽음의 반대인 삶을 부각시키는 관점의 제목이 많았다. 처음에는 우리도 삶이라는 단어로 제목을 이리저리 뽑아보았으나, 원제가 'DEATH'이고 책 전체를 관통하는 키워드가 죽음이라는 점을 감안했을 때 정공법으로 원제 그대로 가는 것이 좋겠다고 결론을 내렸다.

그리고 책에 권위를 부여하기 위한 장치로, 맨 처음에

는 '세계 3대 명강'으로 묶어서 밀어붙였다. 하버드대의 'Happiness', 하버드대의 'Justice'가 워낙 유명하니, 예일대의 'Death'까지 포함시켜서 3대 명강으로 포장한 것이다.

그런데 예상치 못하게 독자들의 이의 제기도 만만치 않았다. 좋은 강의가 얼마나 많은데 도대체 무슨 근거로 세계 3대 명강이냐는 것이 골자였다. 조금 더 정교해질 필요가 있어서 내부 회의를 했는데, 편집팀에서 '아이비리그 3대 명강'이라는 멋진 문구를 탄생시켰다. 이후 다른 출판사 책의 광고문구 및 표지 카피에 아이비리그 3대 명강이라는 표현이 심심치 않게 오르내리는 것을 보고 포지셔닝에 성공했다는 생각을 했다.

다음으로 책을 언제 출간할 것인지 시점의 문제를 논의했다. 연초부터 죽음을 얘기하는 것은 적절치 않으니 연말에 내는 것이 좋을 텐데 그렇다면 출판 적기는 언제일까?

이 책은 웅진씽크빅 단행본 전체에서도 전략적으로 성공시켜야만 하는 타이틀이어서 출간 전부터 홍보에 열을 올렸다. 그 일환으로 주요 언론사에 저자 인터뷰를 제안했는데 다행히 성사되어, 해당 언론사 기자가 케이건 교수가 있는 예일대에 직접 방문해서 장시간 좋은 인터뷰 콘텐츠를 확보했다. 게재 시점을 두고 협의한 결과 12월

이 시작됨과 동시에 기사화되는 것이 좋다는 의견을 전하니 12월 1일자로 릴리스가 확정되었다.

이렇게 언론 인터뷰 기사 일정이 정해지니 자연스럽게 거꾸로 계산해서 출간 시점을 잡을 수가 있었다. 저자 인터뷰 기사가 주말판 커버스토리로 나가면 판매를 최대한 끌어낼 수 있으니, 그전에 충분히 예열해놓아야 했다. 그러려면 1주 전에 언론 북리뷰 기사를 받아야 하고, 북리뷰 기사를 받기 전에 전국 서점 매장에 책이 충분히 진열되어야 한다. 그리고 주말 자연 판매를 살펴보면 책의 판매 사이즈를 예측해볼 수가 있으니 2주 전에 뿌리는 게 좋다고 판단했다. 이렇게 역산한 결과, 11월 15일 목요일에 전격적으로 신간 배본을 실시했고, 대략적인 판매는 기대 이상으로 흘러갔다.

교보문고 기준으로 첫 주말 이틀 동안 100부 이상이 판매되며 인문 베스트 4위에 랭크되었고, 언론사 리뷰를 받은 다음주에는 인문 베스트 1위에 올랐다. 그리고 저자 인터뷰가 게재된 12월 첫 주에는 인문 베스트 1위, 종합 베스트 5위까지 순위가 수직 상승했다.

모든 책은 베스트셀러에 안착하더라도 진입기, 성장기, 성숙기, 쇠퇴기 사이클은 엄연히 존재하기 때문에 단계마다 적절한 판매 촉진 활동이 필요하다. 베스트셀러는 만드는 것도 어렵지만 효과적인 관리를 통해 지속하는 것이 더 어렵고 중요하기 때문이다.

실제로 『죽음이란 무엇인가』는 출간 후 언론에서 많은 관심을 보이며 베스트셀러가 되었고, 국내 연사들로 책 주제에 맞는 대담회를 실시하는가 하면, 종국에는 저자를 국내에 초빙하여 방송에 출연시키는 등, 다양한 활동을 연이어 만들어 나갔다. 매년 겨울만 되면 '죽음'이라는 단어를 제목에 넣어 다양한 형태의 죽음 콘셉트 책이 출간되는 것도, 이 책의 성공 이후 생겨난 하나의 현상이다.

3) 『팩트보다 강력한 스토리텔링의 힘Hooked』을 출간할 때 신경 썼던 것 중 하나는 카피였다.

시중에 출간된 스토리텔링 관련 도서는 무수히 많다. 그 책들과 콘셉트 싸움에서 승리하려면, 무언가 다른 매력적인 요소가 필요한 상황이었다. 더욱이 외서였기 때문에 저자가 판매를 위해 활동할 수 있는 부분이 없어서 '스토리텔링'이라는 키워드를 어떻게 부각시켜서 이 책의 판매와 연결성을 갖게 할 것인가가 포인트였다. 그때 눈에 들어온 것이 BTS(방탄소년단)였다. 그전부터 국내외에서 엄청난 인기가 있었지만 2017년 빌보드 뮤직 어워즈에서 '톱소셜아티스트상Top Social Artist Award'을 받으면서 전 세계적인 빅스타로 자리매김할 준비를 마친 상태였다. 당시 BTS의 성공 비결에는 항상 스토리텔링이 따라붙곤 했기에 아무런 상관도 없는 이 책을 BTS의 성공 전략과 매칭시켰다.

그렇게 나온 표지 카피가 "작은 기획사의 방탄소년단이 전 세계를 뒤흔든 비결은 바로 스토리텔링 전략!"이었다. 그리고 언론사 릴리스를 했는데, 한 경제지에서 BTS 사진을 걸어주면서 톱 기사로 비중 있게 다뤘다. 헤드라인이 "방탄소년단처럼(…) 성공하려면 '스토리텔러'가 돼라"였으니 의도하지 않았지만 BTS 성공 요인을 분석한 책으로 보여지기에 충분했고, 반응은 기대 이상이었다. 책은 6쇄까지 찍었으니 BTS를 다룬 카피가 초기에 큰 힘이 되었던 것은 분명한 사실이다.

현재는 BTS의 소속사가 초대형 상장회사인 하이브이지만, 당시에는 빅히트엔터테인먼트라는 다소 작은 기획사였기에 오히려 스토리텔링이라는 키워드가 힘을 발휘했다고 본다. 실제로 치열한 아이돌그룹 시장에서 살아남기 위해 처음부터 멤버들의 개인적인 이야기, 사회적인 메시지 등을 음악에 담고 콘텐츠를 만들어 팬들의 공감과 참여를 이끌어내는 데 성공했다고 평가받고 있다. 그러나 이제는 BTS의 성공 요인으로 아무도 스토리텔링을 거론하지 않으니, 분명 다 때가 있는 것이다.

  평범한 스토리텔링 책을 비범하게 팔 수 있었던 것은, 타이밍을 놓치지 않고 이슈를 캐치했기 때문이다.

  출간 시점, 베스트셀러 진입·성장·성숙에 이르는 단계별 프로모션 타이밍, 책이 판매될 때 나타나는 시그널, 외부의 이슈를 내 책으로 끌어오는 효과적인 타임 전략, 이 모든 것의 핵심이 바로 '놓치지 말아야 할 타이밍'이라는 것을 기억하자.

⑧ 개인 네트워킹은 선을 넘어도 된다

출판계 사람들과만 어울리지 마라.

마케터는 친교가 두터우면 그만큼 강점이 있다. 타 출판사 영업 마케팅 담당자와의 모임은 적극 추천한다. 다른 출판사의 마케팅 성공 사례 요인도 참고할 부분들이 많고, 거래처에서 진행했던 프로모션 경험도 나눌 수 있다. 새로운 거래처 정보도 확인할 수 있고, 최신 이슈 및 시장 정보를 비롯한 업계 동향을 공유하면 흐름을 파악할 수 있을 뿐만 아니라 대응 전략까지 준비할 수 있다. 특히 유통 환경의 변화에 선제적으로 대응할 수가 있다.

도·소매 서점 폐업 및 부도가 한참 많았을 때는 이들의 뉴스가 실질적인 도움이 되는 경우가 많았다. 서점이 문닫으면 아무리 위탁물이라 해도 함부로 들어가서 책을 수거하는 것이 어렵다. 실제 폐업 및 부도로 이어지면 이미 상황은 늦다. 전조 증상은 항상 분명하게 나타나기 때문에 이를 파악하거나 업계 내부 소식통으로부터 인지하게 되면 사전에 액션을 취해야 한다.

모임이라는 것이 만나서 저녁도 먹고 술도 한잔 마시다 보면, 좋은 뉴스도 오가지만 그렇지 않은 경우도 많으며 간혹 실수하는 경우도 생긴다. 출판사 내부 상황 등을 얘기하다가 결국 사람에 대한 얘기, 기획물에 대한 얘기를 안주 삼아 하기도 하는데, 절대로 이런 것들을 함부로 발설해서는 안 된다. 업계 내부 사람들끼리의 관계라는 것이 유용한 안테나의 역할도 하지만, 자칫 잘못하면 빨대의 기능으로 전락할 수도 있다.

오래전 종로에 있는 영풍문고 경제경영 코너를 방문했는데, 매장 직원이 책을 수레에 싣고 와 막 진열하려던 참이었다. 또 무슨 신간이 나왔나 지켜보는데, 너무 놀랍게도 A사 책과 B사 책의 콘셉트가 똑같았다. 심지어 제목까지 토씨 하나 안 틀리고 같았으니, 결코 우연으로 보기 어려운 일이었다. 어느 한 쪽에서 기획이 유출되었다고밖에는 보이지 않았다. 서점 진열 시간까지 같았으니까 모든 것이 자연스럽지는 않았고 두 출판사의 막전막후는 긴박했을 것으로 보인다.

업계 내부에서의 모임은 그래서 식사 자리도 좋지만 스터디 형식을 취하는 세미나, 포럼 등에 참석하는 것이 더 유익하고 발전적이다.

요즘에는 뜻이 맞는 출판사 사람들끼리 독서 모임도 많이 하는 것 같다. 다양한 직업을 가진 사람들이 소속되어 있는 정례 모임에 참여하기도 하고, 실제 독자들과도 만난다. 여하튼 여러 장르의 책을 읽고 생각을 얘기하는 자리는 현업에도 당연히 도움이 된다.

그리고 한발 더 나아가 서점, 출판계를 벗어나 이종 산업에 있는 영업, 마케팅 담당자들과 모임을 가질 것을 권한다. 나도 2005년에 '마케팅-PR-홍보 모임'에 처음 나가 다양한 업계에 종사하는 사람들을 만나게 되었고, 지금까지 친분 관계를 유지하고 있으니 벌써 20년이 넘었다.

한참 영업 마케팅을 열심히 할 때부터 만나서 다른 많은 업종 담당자와 서로 교류하며, 코마케팅할 수 있는 것들을 찾아 함께 추진하고 성과도 많이 만들어냈다.

이종 업계 담당자들과 모임을 하고 친분을 쌓게 되면 좋은 점이 있는데, 바로 우리가 가진 상품이 책이라는 것이다. 책은 결합, 변형, 재탄생의 중심에 있는 고품격 아이템이다. 어느 업종과 협업해도 환영받을 수 있고, 자연스럽고 쉽게 녹아드는 좋은 수용성을 가졌다.

많은 출판사들이 매년 서울국제도서전에 적지 않은 부스비를 내고 참여한다. 그런데 도서전이라는 취지가 무색하게 독자들과 직접 만나는 현장 판매의 기회로만 활용하면서 대다수 출판사들이 경쟁적으로 직접판매 행위를 한다. 그런데 그 정도 규모의 전시장에 단독으로 도서 홍보 및 판매 부스를 열고 참여한다면 어떨까? 심지어 부스 비용도 없이 관람객도 훨씬 많아서 대성황을 이룬다면 어떨까?

  모임에서 알게 된 하나투어 마케팅팀 부장과 코워크해서 실제로 만들어낸 결과다. 매년 킨텍스에서 진행하는 하나투어 박람회에 웅진씽크빅 단행본이 단독으로 참여했던 이야기다. 전국에 하나투어 간판으로 영업하는 모든 사업자들, 그리고 다양한 여행 관련 산업의 종사자들이 참여해 하나투어의 새로운 여행 상품들에 관심이 많은 고객들로 행사장은 인산인해였다. 당시에 부스 대여비 대신 하나투어에 판촉용 홍보도서만을 지원하는 조건으로 행사 기간 내내 웅진 단행본의 전략도서를 홍보할 수 있었고, 여행에 관심이 많은 고객을 위한 도서들을 추려서 판매도 했었다. 서점이나 도서전 고객이 아닌 새로운 독자들을 개척하고 만나는 짜릿한 경험이었다.

  모임이 오래되다 보니 현재의 트로이목마에도 많은 도움이 되고 있다. 다양한 업계의 동향도 전화 한 통으로 해결할 수 있고, 저자로서 책을 함께 진행하기도 하며, 번역이 주업이 아님에도 뛰어난 번역 실력을 가진 분과 역자로 인연을 맺기도 했다. 그리고 서로가 몸담은 업계가 다양하다 보니 누군가를 찾아 접촉해야 할 때 대체로 연결이 되는 편이다. 물론 여전히 홍보 관점에서도 큰 힘이 되고 있다.

『너무 일찍 어른이 될 필요는 없어!Penguins Can't Fly』라는 어른을 위한 외서 에세이를 한 권 출간한 적이 있었는데, 그해에 한 연예인이 신문에서, 그다음 해에는 또 다른 셀럽이 공중파 예능 방송에서 추천도서로 이 책을 소개했다. 우연히도 신문과 예능 방송에 소개된 날짜가 모두 4월 1일이어서 잊지 않고 있다. 만우절날 뜻하지 않은 거짓말 같은 선물을 받은 것이다. 그러나 이런 일들이 모두 단순히 운에 기대어 어쩌다 성사된 것은 아니었다.

또 다양한 직업을 가진 사람들을 만나다 보면 우연찮게 나의 일과 연결되는 경우가 생기기도 한다. 홈쇼핑 밴더가 직업인 지인이 있는데, 만약 도서정가제 이전에 만났다면 무언가 함께 도모할 일이 많았을 것이다. 그러나 정가제 이후 홈쇼핑에서 책이 거의 사라진 이유는, 홈쇼핑의 특성상 정가보다 훨씬 싸게 팔아야 하는데 그럴 수 없기 때문이다. 어쨌든 현재 시점에서 그분과는 업무적으로 같이 할 수 있는 것이 없다고 생각하면서도, 가끔 만나면서 이런저런 얘기들을 계산 없이 나누곤 했다.

그런데 어느 날 중소기업을 위한 홍보용 영상을 촬영할 수 있는 기회가 생겼다는 반가운 연락을 받았다. 트로

이목마 전체 도서를 모두 진열하고 회사 소개까지 넣어서 홍보용 영상을 제작해주었고, 운 좋게도 홈쇼핑에 여러 번 이 영상이 방영되었다.

　세상에 아무것도 아닌 인연은 없다. 그리고 출판은 매 순간 새로운 사람들을 만나는 일을 귀하게 여겨야 한다. 그와 새롭게 관계가 설정되는 일은 예상치 못한 곳에서 생긴다. 내가 누군가와 무엇을 도모하기 위해 어떤 사람을 지켜보는 것처럼 상대방도 항상 그럴 수 있다. 때문에 느슨한 관계에서 좋은 결과가 나오는 것이 신기하지만 놀랄 일은 아니다.
　엑스트라로 시작해 스타가 된 어떤 배우가 이런 말을 했다.
　"누군가 한 명 정도는 보고 있지 않을까요? 내가 그걸 알아요. 때문에 매 순간 최선을 다해요."
　우리가 살아가는 인생이라는 무대에서도 그래야 하지 않을까? 그래서 우리는 어느 상황에서나 항상 진심이어야 한다. 돌이켜보니 어려울 때 잘 아는 친한 사람들의 도움보다 그렇게 두터운 친분이 아니었는데 뜻하지 않게 힘이 되었던 경우가 종종 있었다. 언젠가 예상치 못하게 만나게 될 그들과 무언가를 함께하는 순간이 반드시 온다.

책의 확장성은 없는 시장을 만들어낼 수 있다. 타 업종과의 접점을 끊임없이 찾다 보면, 마케팅이 날개를 달 수 있는 수단과 방법이 보인다. 나의 울타리를 끊임없이 확장해야 하는 이유이기도 하다. 언제나 불황이라고 아우성치는 이 출판계의 어려움을 타개하는 해답은, 어쩌면 선 너머에 있는지도 모른다.

⑨ 자신만의 분류 체계를 개발하자

누군가의 분석은 내 것이 아니다.

마케터들에게 중요한 것은 자료다. 여기서 자료라는 것은, 분석을 토대로 활용할 수 있는 가치를 만들어내야 의미가 있다. 그리고 늘 필요할 때 꺼내 볼 수 있어야 하고, 항상 업데이트되어 있어야 한다. 내 책을 마케팅함에 있어서 현장에서 어떻게 움직이고 있는지에 대한 객관적인 데이터를 어떻게 구현해서 시각화 할 것인가?

과거에 나는 직접 진행했던 모든 책의 광고, 홍보, 출고, 판매, 순위를 한눈에 볼 수 있게 엑셀로 매트릭스를 만들었다. 그래서 일자별로 마케팅하는 책의 광고, 홍보 내역을 표기하고, 같은 줄에 당일 도·소매 출고부수, 온라인·오프라인 서점의 판매, 그리고 일자별 순위를 한 칸 한 칸 매일 채워 나갔다. 출근하면 당일 서점 주문 상황 및 순위를 체크하고, 전일 판매 상황을 보며 이 루틴한 업무를 가장 먼저 했다.

그러면 책의 판매 사이클이 보이고 광고, 홍보가 책의 움직임과 어느 정도 연계되는지 등을 직·간접적으로 파악할 수가 있다. 엑셀에 넣은 숫자는 모두 그래프로 전환해 시각적으로 파악하기에 좋으니, 책의 현재 상태를 객관적으로 보면서 무엇을 더 하고 덜 해야 할지 전략을 세우기에 좋았다.

기록으로 남기면 장르가 유사하거나 저자가 같거나 등, 추후 다른 책을 마케팅할 때 좋은 참고자료로서 훌륭하게 기능한다. 무엇보다 베스트셀러를 목표로 하는 책은 이것보다 확실하고 적확한 로데이터raw-data가 없다. 베스트셀러는 만드는 것도 어렵지만 꺾이지 않게 관리하는 것이 더 어렵다. 출판사로서는 캐시카우 역할을 하기 때문에 베스트셀러가 되면 스테디셀러로 갈 수 있도록 위와 같은 작업을 통해 흐름을 파악하고 있어야 한다.

　내 책의 마케팅 활동 및 시장 평가 기초자료는 이렇게 작성하지만, 타 출판사의 경쟁도서나 참고도서는 온라인·오프라인 서점의 베스트 순위나 판매지수 정도로만 파악할 수밖에 없다. 그러나 조금만 관심을 가지면 타 출판사의 주요 도서 광고·홍보 활동은 어렵지 않게 확인할 수 있다.

　포털이든 유튜브든 제목 검색으로 충분히 진행 내역을 볼 수 있으니, 책이 어떻게 움직이고 있는지 체크할 수 있다. 온라인 서점은 일자별로 체크할 수 있고, 교보문고는 주별로 체크할 수 있으니 타이틀별로 순위 등락을 점검하며 세부적인 이슈 포인트를 찾아내야 한다. 특별히 관심을 둬야 하는 책은 적어놓고 향후 순위 추이 등을 추적 관찰할 필요가 있다.

또 마케터가 만들어야 하는 것 중에는 광고페이지, 이벤트페이지 등의 마케팅 문구가 있다. 좋은 카피는 메시지에서 해당 채널의 독자들에게 책의 구매로 연결될 만큼의 매력이 뿜어져 나와야 한다. 책에서 제목이 중요하듯, 홍보페이지의 메인카피도 그러하다.

요즘에는 생성형 인공지능에게 정보를 주고 추출하기도 하지만, 카피를 잘 쓰는 몇 가지 툴을 자체적으로 개발할 필요가 있다. 아무리 고민해도 카피가 잘 나오지 않을 때, 미리 만들어놓은 툴을 활용해 좋은 문장을 뽑아낼 수도 있다.

예를 들어, 숫자를 넣을 것인지, 5W1H를 활용할 것인지, 문장 마무리를 의문형으로 할 것인지 명령형으로 할 것인지 등등. 여기에서 중요한 것은 기존 출판사들이 진행하고 있는 카피, 스타일 등을 유심히 살펴서 내 자료에 변형해서 보관하는 것이다. 필요할 때 꺼내서 똑같이 따라 하라는 뜻이 아니다. 영리하게 업그레이드해야 한다는 것이다.

배우 덴젤 워싱턴이 영화감독이 되기로 마음먹고, 스티븐 스필버그를 찾아가 한 수 가르쳐 달라고 부탁했더니 스필버그가 말하기를, "훔쳐라! 다들 훔친다. 그러나 최고의 것을 훔쳐야 한다"라고 조언했다고 한다. 그래서 덴젤 워싱턴이 스티븐 스필버그의 것을 훔쳤다는 유명한 일화가 있다. 피카소도 "훌륭한 예술가는 베끼고 위대한 예술가는 훔친다"라는 명언을 남겼다. 여기서 말하는 훔친다는 말이 똑같이 베끼라는 뜻이 아니라는 것쯤은 잘 알 것이다.

광고문구가 되었든, 베스트셀러 분석이 되었든, 나의 시선으로 만들어 파일화 해놓았을 때만 진정한 내 것이 되고 가치가 있으며 응용이 가능하다. 그러니 게을리하지 말고 꾸준히 해야 하며, 가능하면 시스템화 하는 것이 좋다.

직접 홍보하고 마케팅했던 책들을 장르별로 분류해, 각각 광고-홍보-판촉 관점에서 굵직하게 진행했던 것들은 무엇인지, 그래서 효과가 있었는지, 있었다면 무슨 요인이었는지를 모두 기록하자. 물론 실패했던 기록도 똑같이 해야 한다.

또 새로운 것을 시도해도 같은 방식으로 계속 정리하자. 할 때마다 정리하고 업그레이드하고 당장 진행해도 문제가 없을 정도로 만들어놓으면, 이것이 곧 나의 프로모션 재산이 된다. 중요한 홍보 거래처인데 담당자가 바뀌었다면 직접 만나는 것도 좋다. 그간 양사가 진행했던 히스토리를 공유하면서 새로운 친분을 쌓아가면 된다.

언론에서 출판 관련 뉴스 등이 종종 기사화되는 것도 반드시 스크랩 해둬야 한다. 중요한 것은 베스트셀러 분석의 피상적인 원인과 숨겨진 진짜 의미 등을 구분해서 보려고 하는 노력이다. 단순한 현상이 곧 판매 이유는 아니기에 그렇다. 나의 시각과 관점으로 이 현상이 발생한 근본적인 원인은 무엇인지 찾아내는 것이 필요하다.

나는 어떻게 생각하는가? 이 책은 왜 떴을까? 그것을 찾아보자. 뉴스 기사의 분석과 하나라도 다른 지점이 있을 것이다.

베스트셀러라고 생각했던 책들 중 실패하는 책도 있다. 그것은 왜 실패했을까? 그렇게 많은 프로모션 비용을 집행해가며 마케팅했는데 무엇이 잘못되었을까? 마찬가지로 나의 시선으로 그 이유를 찾는 훈련을 해야 한다.

베스트셀러 분석에서 계보를 만들어보는 것도 추천한다.

예를 들어 '습관'이라는 키워드가 들어가는 책을 살펴보자. 아무래도 습관은 자기계발 특성과 부합하기에 그 분야에서 베스트셀러 변천사를 살펴보는 것이 도움이 된다. 과거와 현재를 통해 미래에 어떤 콘셉트로 책을 준비해야 할지 예측해볼 수 있는 지점이 있기 때문이다.

인터넷서점 3곳 검색창에 인기순으로 습관이라는 키

워드를 넣었을 때, 1위부터 3위 안에 공통적으로 포함되는 책이 딱 한 권 있다. 바로 『아주 작은 습관의 힘Atomic Habits』이라는 외서로, 무려 2019년도에 출간된 책인데 여전히 베스트셀러 상위권에 포진하고 있다.

그러면 이 시기를 중심으로 전후에 습관과 관련한 굵직굵직한 책은 어떤 것이 있었을까? 2000년 이후로만 한정해서 살펴보자.

아마도 그 시작은 1994년 출간 이후 100만 부 이상 판매되며 2003년에 개정판으로 출간된 『성공하는 사람들의 7가지 습관Seven Habits of Highly Effective People』으로 보아야 할 것이다. 그리고 2007년 『이기는 습관』, 2012년 『습관의 힘The Power of Habit』, 2016년 『아주 작은 반복의 힘Atomic Habits』 정도를 꼽을 수 있다. 대략 3~5년 주기로 의미 있는 베스트셀러가 탄생했음을 알 수 있다.

그런데 『아주 작은 습관의 힘』 이후로는 자기계발 분야에서 이전과 같은 빅셀러는 잘 보이지 않고, 오히려 다른 분야로 '습관' 키워드가 확장되는 느낌이다. 대표적인 책이 2024년부터 저속노화 열풍을 불러일으키고 있는 의사 정희원 저자의 『느리게 나이 드는 습관』이다. 건강 역시 습관과 밀접하게 연결되는 것이기에 수긍이 간다.

[그림6] 자기계발 분야 '습관' 콘셉트 도서 변천사

한편 앞의 책 중 『아주 작은 반복의 힘』을 보면서 갸우뚱하는 분들도 있을 것 같다. 거론한 다른 책에 비해 판매 중량감이 떨어지는 것은 사실이지만, 포함시킨 이유 또한 있다. 그것은 바로 자기계발서 안에서 나타나고 있는 하나의 현상을 만들어낸 원조 격인 책이기에 그렇다.

제목이나 부제에 심심치 않게 쓰이고 있는 '아주 작은'이라는 문구가 이 책에서 시작되었다고 할 수 있다. '크게 힘들이지 않고 꾸준히 조금씩 하면 된다'라는 메시지가 자기계발서 시장에서 먹히는 것이다.

그럼, 마찬가지로 검색창에 인기도 순으로 '아주 작은 힘'을 넣어보자.

『아주 작은 습관의 힘』『행동하지 않으면 인생은 바뀌지 않는다 – 위대한 변화를 이끌어내는 아주 작은 실행의 힘』『할 일은 많지만 아직도 누워 있는 당신에게 – 무기력의 패턴을 끊어줄 아주 작은 루틴의 힘』 등, 좋은 반응을 얻고 있는 책 외에도 '아주 작은 ○○○ 힘'을 넣은 다양한 책들이 최근까지도 꾸준하게 출간되고 있다.

이뿐만이 아니다. 살짝 틀어서 변주를 주어 판매가 좋은 신간들도 계속 출간되고 있다. 『아주 작은 대화의 기술』『행동은 불안을 이긴다 – 의지박약과 만성적 미루기에서 벗어나는 아주 작은 행동 설계』 등.

이 모든 책의 제목과 부제에 바로 '아주 작은'이 포함되어 있다. 그리고 그 출발점은 위에서 언급한 『아주 작은 반복의 힘』이다.

이처럼 시기별로 장르별로 키워드별로, 나름의 관점을 갖고 연결해서 분석해보려는 시도를 해보자. 이것이 새로운 베스트셀러를 만드는 작은 단초가 될 수 있다. 왜냐하면 트렌드는 돌고 도는 것이고, 그저 조금씩 바뀔 뿐이기 때문이다.

그리고 저자의 장르를 바꿔보는 상상도 해보자. 실제 그런 책들도 종종 있고, 심지어 베스트셀러가 되는 경우도 많다. 인문학자가 자녀교육서를 낼 수 있고, 경제경영서 저자가 소설을 낼 수도 있다.

김난도 교수의 『트렌드 코리아』는 사실 2010년 이전부터 해마다 연말이면 출간되는 책이었는데, 초반에는 지금처럼 파괴적으로 나가지 않았다. 서울대 소비자학과 교수 입장에서 트렌드를 분석해서 쓴 책이 아닌, 에세이 『아프니까 청춘이다』가 정작 1년도 안돼 100만 부가 판매되었다. 『트렌드 코리아』가 매년 대중적으로 큰 사랑을 받는 것은 그후의 일이다.

수십만 부가 팔린 베스트셀러 『말그릇』을 쓴 김윤나 작

[그림7] 같은 저자의 다른 분야 베스트셀러 사례

김난도 저자의 에세이

김난도 저자의 경제경영서

김윤나 저자의 자기계발서

김윤나 저자의 아동서

김윤나 저자의 자녀교육서

가를 자기계발서 저자로만 생각했다면,『상처 주는 말 하는 친구에게 똑똑하게 말하는 법』이라는 아동 분야 베스트셀러는 나오지 않았을 것이다.

저자는 언제 터질지 모르는 폭탄과 같다고 생각해야 한다. 그 뇌관은 해왔던 장르 안에만 갇혀 있지 않다. 잘 찾아서 터트리는 밝은 눈을 가질 수 있도록 노력해보자.

이 외에도 마케터로서 필요한 분석 자료가 얼마나 많겠는가! 자신만의 분류법을 개발해서 정보를 조직화 하고 파일화 하여 차곡차곡 채워 나가보자. 엄청난 자산이 될 것이다.

⑩ 마케팅은 상상력이다

WHY보다 WHY NOT이 더 중요할 때가 있다.

새로운 시도들은 언제나 자신을 성장시킨다. 그것이 성공하든 그렇지 않든. 대신 각각의 이유에 대해서는 면밀히 분석해야 한다. 왜 성공했을까? 왜 실패했을까? 고민의 강도가 곧 성장의 척도가 된다.

마케터는 언제나 새로움을 추구해야 하지만 실상은 그렇지 못하다. 당장 해야 하는 현업은 하던 대로 하는 익숙함에 적응해버린다. 그럼에도 불구하고 머릿속에서는 늘 마케팅하는 책의 새로운 그림을 그리는 연습을 해야 한다. 어떤 상황에서는 또 그렇게 그린 그림을 바로 펼칠 수 있는 기회로 연결되기도 한다. 마케터에게 필요한 것은, 그래서 WHY가 아니라 'WHY NOT'의 마인드다.

1) 웅진씽크빅 단행본에서 근무하던 시절, 『스위치Switch』라는 책 출간을 앞두고 마케팅 회의를 하고 있었다. 책 내용은 '원하는 결과를 이끌어내기 위한 행동설계의 힘'에 대해 다룬 책으로, 『스틱Stick』의 저자 칩 히스Chip Heath, 댄 히스Dan Heath 형제가 쓴, 높은 선인세를 지불한 전략도서였다.

마케팅 회의에서 책의 성공적인 론칭을 위한 자유로운 아이디어들이 오고 갔다. 그때 입사한 지 얼마 되지 않은 신입사원이 다소 뜬금없는 이야기를 꺼냈다. 당시는 전국동시지방선거를 위해 한창 후보자들이 선거 활동을 하고 있던 시기였는데, 이 책을 서울시장 후보로 입후보시켜서 선거 유세 형식으로 길거리 홍보를 하면 어떻겠냐는 것이 요지였다. 나를 포함한 회의 자리에 있었던 모든 참석자들이 긍정적으로 "그래? 재미있겠네" 같은 반응을 보이자 이 친구는 신이 나서 말을 계속 이어갔다.

책 제목이 '스위치'이니 시장 선거를 통해 서울시를 바꿔보자는 콘셉트와도 맞는다는 의견을 내면서, 선거관리위원회에 책을 후보로 신고하고 선거 유세 차량에 싣고 책을 홍보하면 어떻겠냐는 것이었다.

그 자리에서 누군가가 "책이 사람이냐? 그게 말이 돼?"라고 면박을 줬다면 그걸로 이 아이디어는 끝나는 것이고, 이 친구는 아마 회의 자리에서 더 이상 어떤 발언도 하지 않았을 것이다.

그런데 "뭐 안될 거 없을 것 같은데요. 선관위에 문의해보겠습니다"라며 바로 액션을 취하면서 이 엉뚱한 아이디어는 그렇게 급물살을 타게 됐다. 그리고 정말 놀랍게도 회의에서 논의한 그대로 실행으로 연결되어, 실제로 우리는 선거 유세 차량과 똑같은 스타일의 트럭 2대를 만들어 하루 종일 서울시 주요 도로를 누비고 다녔다. 후보자가 유세 연설하듯 도서 표지 캐릭터에 있는 코끼리

[그림8] 책 『스위치』의 선거 유세 차량

탈을 쓰고 책 관련 이미지를 출력해 후보 기호 5번을 박아 넣고 트럭에 설치하고 다녔다.

신입 마케터의 말랑말랑한 두뇌로 자유로운 상상력을 동원해 만들어낸 결과였다. WHY NOT의 마인드가 없었으면 생각조차 할 수 없었을 것이다.

당시 일부 언론에도 기사화가 되었고, 소위 미디어 스턴트Media Stunt의 대가라고 할 수 있는 버진그룹 회장 리처드 브랜슨Richard Branson도 울고 갈 퍼포먼스였다.

『스위치』 가두 캠페인은 책의 콘셉트를 대중들에게 직접 정확하게 전달한 창조적인 행위였다.

우리가 흔히 타성에 젖는다는 말을 많이 하는데, 늘 해왔던 대로만 하고 그걸 당연시 여기며 반복하면 발전도 없고 새로움도 없다.

그러면 상상력을 키우기 위해서는 어떻게 해야 할까? 새로움은 보고 듣고 느끼는 것에서부터 달라져야 찾을 수 있지 않을까? 때로는 전시회, 공연, 강연회 등에서 답을 찾을 수도 있다. 낯섦과 생소함을 즐겨야 발상의 전환도 가능해진다. 그때그때 떠오르는 아이디어들이 있다면, 바로 메모하는 습관도 들여야 한다.

창의력이 모르는 것을 발견하기 위해 아는 것을 재배열하는 역량이라면, 상상력 역시 답을 찾기 위해 우리의 지식을 새롭게 배치하는 능력이라 할 수 있다. 이런 능력은 여러 다양한 방식으로 키울 수 있을 텐데, 시중에 판매 중인 창의력 관련 도서들도 충분한 도움이 될 것이다.

2) 『기요사키와 트럼프의 부자 Why We Want You to be Rich』라는 책을 전담해서 마케팅했을 때의 일이다. 기요사키 Robert Kiyosaki는 『부자아빠 가난한 아빠 Rich Dad, Poor Dad』의 저자였고, 트럼프 Donald Trump는 지금은 미국의 대통령이지만 당시만 해도 부동산 재벌의 상징이었다.

초판도 많이 발행하고 마케팅도 집중했으나 판매는 점점 떨어지기 시작했고 더 이상 무엇을 해야 할지 막막할 때였다. 재고는 많고 책은 안 나가고……. 그때 생각했던 것이 '독자 한 명에게 여러 권씩 팔 수는 없을까?'였다.

원래 책이라는 상품은 반복 구매가 일어나기 어려운데, 궁하면 통했는지 방법을 찾게 되었다.

오래전 친구 꼬임에 넘어가 유명 네트워크마케팅회사인 암웨이 사업자 모임에 나갔던 적이 있었다. 당시 다이아몬드급 사업자가 무대에서 한창 설명하면서 『부자아빠 가난한 아빠』 책을 소개했는데, 그곳에 참석했던 모든 사람들이 책 제목을 메모하면서 무조건 구매했던 기억이 떠올랐던 것이다. 다행히 『기요사키와 트럼프의 부자』의 내용 중에 네트워크마케팅 파트가 한 꼭지 있었다. 한 줄기 빛 같았던 이 시장을 제대로 공략해보자고 마음먹었고, 당장 규모가 가장 큰 암웨이를 타깃으로 삼았다. 수소문해 보니 암웨이 쇼핑몰에 온라인 서점 인터파크가 입점되어 있었다. 바로 인터파크에 가서 해당 담당자와 소통하고 이 책을 프로모션 하기 위한 계획을 세웠다. 보통 다단계 조직의 특성상 조직원들은 책을 단 1권만 사지 않는다는 것을 알았기 때문에 같은 책을 여러 권 샀을 때 메리트를 주는 세트 상품을 기획했다.

당시에는 도서정가제가 시행되지 않아서 책과 다른 선물을 추가로 증정하는 이벤트도 가능한 상황이었다. 1권, 3권, 5권, 10권 샀을 때 각각 추가 메리트를 주는 식으로 세트를 다양하게 구성했다. 놀랍게도 10권 세트 판매가 아주 인기가 좋았다. 네트워크사업자들이 하부조직을 관리하기 위해서 대량으로 구매해서 나눠주는 경우가 많았기 때문이다. 인터파크도 뜻하지 않은 협력업체에서 매출을 올리니 잘 협조해주었고 행사는 성황리에 진행되었다.

암웨이 쇼핑몰은 폐쇄몰이라 실제로 책이 어떻게 노출되고 구매가 이루어지는지 알 수가 없어서, 과거 나를 교육장에 데려갔던 지인에게 사업자 코드번호를 빌려 거의 매일 로그인해서 체크했던 기억이 난다. 여하튼 행사 시작 한 달 만에 1000부 이상 판매했던 것으로 기억한다.

한 사람에게 한 권 팔기도 어려운데 여러 권을 판매할 수 없을까? 하는 다소 엉뚱한 생각, WHY NOT의 마인드가 성과를 만들어냈다.

마케터에게 필요한 자세는 '왜?'보다는 '왜 안돼?'이다. 발상의 전환은 마케터들이 항상 장착해야 할 마인드셋이다. 그것이 새로움을 만들고 매출을 만들 수 있다.

부록

출판사에서 일할 때 생각해봐야 할 3가지

① 언젠가는 회사를 떠나게 된다

기본적으로 출판사는 많이 비슷하지만,
조금씩 다르다.

회사를 다니게 되면 언젠가는 이직의 시간이 찾아온다. 회사를 옮기면서 자신의 가치를 올리는 것은 꼭 필요하다. 주니어에서 팀장이 되고 조직장이 되는 비전의 문제를 실현하는 것도 중요하고, 기존 출판사에서 해보지 않았던 새로운 업무를 한다거나 새로운 장르의 책을 마케팅하는 것도 의미가 있다. 똑같은 일인 것 같지만 출판사마다 조금씩 다르다.

마케팅이라는 이름으로 서점 영업만을 시키는 곳도 있고, 진짜 마케팅 본연의 업무를 하는 곳도 있으며, 마케터의 기획 능력을 인정하고 책에 적용하는 곳도 있다. 출판사마다 마케터에게 요구하는 역량이 다 다르기 때문에, 그런 측면에서 회사를 옮겨야 하는 이유는 존재한다.

단, 회사 이직의 기준을 오직 돈의 문제로만 결정한다면 얘기는 다르다. 현실적으로 그것을 더 의미 있게 생각하고 실행하는 사람도 많다. 가치 판단이 모두 다르기에 당연히 그럴 수 있다고 본다.

사실 주니어 시절은 회사 간판과 연봉만으로 엉덩이가 들썩일 수 있다. 그런데 조금 심지 굳게 생각해볼 일이다. 춥고 쓸쓸한 시절도 있어야 오기를 가지고 성장의 동력으로 삼을 수 있다. 단꿈을 꾸고 실력을 키운다면, 이 좁은 업계에서 소문은 금방 나기 때문에 기회는 반드시 온다. 급여를 조금 올려주는 이유만으로 쉽사리 옮기는 것보다 내 몸값을 충분히 올려 크게 한 번 움직이는 편이 더 나을 것이다.

회사를 성장의 기회로 삼고 본인의 몸값을 올릴 수 있는 치열한 일터로 생각한다면, 한 곳에서 충분히 지속적으로 일하는 시간이 필요하다. 회사를 자주 옮겨다니는 것이 능력 있는 것처럼 보여질지도 모르지만, 마케터로서 성공적인 퍼포먼스를 창출하는 데 주인공이 될 것인지, 주변인으로만 서성일 것인지 생각해볼 일이다.

예를 들어, 어느 출판사에서 최종 면접 자리에 두 명이 남았는데, 똑같은 10년차 마케터로서 1번 이직한 사람과 5번 정도 이직한 사람이 있다면 누구를 선택하겠는가? 두 사람의 역량과는 무관하게 5번 옮긴 사람을 선택하기란 쉽지 않을 것이다. 당연히 입사 후 또 언제 퇴사할지 모를 일 아닌가라고 생각할 것이다.

물론 이직의 문제는 꼭 연봉 때문만이 아닌 경우가 더 많다. 대체로 관계가 깨져서 나온다. 누군가에게 실망하고, 배신 당하고, 따돌림 당하고, 또 보기 싫은 사람을 매일 마주해야 하는 일상이 싫어서 그렇다.

조직 내에서의 처세가 참 쉽지 않다. 흔한 말로 마케터들은 외부 영업도 잘해야 하지만, 내부 영업도 잘해야 한다. 마케터야말로 조직 내의 모든 사람들과 소통해야 하기에 그렇다. 신간을 준비할 때는 기획, 편집, 디자인, 제작팀과 소통하고, 유통 관련해서는 출고 담당과 창고와, 매출 관련해서는 경영관리팀 등 회사 내 구성원 어느 누구와도 걸치지 않는 사람이 없다.

각 팀에 소속되어 있는 사람들은 항상 소통의 우선순위가 자기 자신이다. 양보보다는 나 혹은 우리 팀에게 더 이익이 되고, 더 힘들지 않고, 덜 신경 써도 되는, 보이지 않는 방패를 들고 갑옷을 입고 대하니 더 어렵다. 마케터라고 왜 그런 방패와 갑옷이 없겠는가! 그러나 마케터는 조직에서 매출을 만들어야 하는 사람이다. 더 정확하게 얘기하면, 출판사 운영을 위한 현금을 확보해야 하는 회사의 중추적인 역할을 한다.

매출목표를 달성하기 위해서는 각 부서 사람들과의 긴밀한 협업을 끌어내야 한다. 서로 조금씩 배려하는 것이 이상적이지만 현실은 절대 그렇지 않다. 성품이 비교적 유한 사람들은 원만하게 지낼 수 있겠지만, 자기 주장이 강한 사람들은 자주 부딪힐 수밖에 없다. 휘긴 해도 부러지지 말아야 하는데, 그렇게 될 때 조직을 떠나는 일이 생긴다.

   타고난 성향은 어쩔 수 없다. 다만 이 조직을 지휘하는 마에스트로라는 생각으로 내키지 않는 상황도 참고 넘어가는 지혜가 때로는 필요하다. 서로 다른 성향의 사람들이 만나서 한 조직에서 일한다는 것은 쉽지 않은 일이다.

   가슴 아프지만, 이직의 또 다른 경우는 조직에서 버려지는 것이다. 이것은 나의 의지와 상관없이 발생하는 일이다. 조직의 복잡한 논리 안에서 나의 존재가 필요 없다는 결론이 나온다면, 과감히 박차고 나오라고 얘기하고 싶다. 다른 부서를 전전하며 원치 않는 생활을 유지할 수도 있겠지만, 이 책을 읽는 마케터가 3~4년 이내의 저연차라면 그렇게 살지 않아도 충분히 기회는 많다. 대신 칼을 갈면서 훗날 보란 듯이 성공하겠다는 의지를 다져야 한다. 조직에서 사람을 못 알아보는 경우도 있고, 그 사람이 아직 때가 되지 않았을 수도 있다. 나의 쓰임은 반드시 좋은 기회를 만날 것이다.

   마지막으로 뜻한 바 있어 옮기는 상황이다. 이 경우가 가장 아름답지만, 때를 기다려야 한다. 스스로 창업을 하지 않는 한, 가야 할 회사가 있어야 하기 때문이다. 한 조직 안에서 다양하고 충분한 경험을 모두 다 해보고 좋은 퍼포먼스도 만들었다면, 한 단계 성장할 필요가 있다. 출판사는 기본적으로 다 비슷하지만 1인 출판사, 중소 출판사, 대형 출판사 등 엄연히 규모로 구분이 가능하고, 각각의 위치에 맞는 새로운 역할과 책임이 있다.

기회가 왔을 때 준비된 사람만이 설레는 마음으로 온전히 맞이할 수 있다. 마케터로서 인정받는 역량을 갖추고, 대내외적으로 좋은 평판을 쌓는 것이 중요하다. 옮기는 사람은 잘 모를지라도 조직은 항상 사람을 뽑을 때 평판 조회를 한다. 절대 그냥 뽑지 않는다. 이 사람이 과거에 어떠했는지, 장점은 뭐고 단점은 무엇인지, 특별한 문제는 없는지, 무엇이 강점인지, 대인 관계는 어떤지 등등.

출판계는 조금만 잘하면 금방 티가 나고, 반대로 이런저런 구설에 오르면 실시간으로 소문이 퍼지는 좁은 동네라는 걸 잊지 말자.

어떤 이유로 이직을 하든 한 가지는 분명하게 얘기하고 싶다. 이별할 때는 프로답게, 깔끔하게, 뒤끝 없이 헤어지는 것이 좋다. 이직해서 전 직장 욕하고 다니는 것은, 자신에게 별로 도움되지 않는다. 그 시간에 더 생산적이고 효율적인 일을 하는 것이 훨씬 낫다. 절대로 내가 먹던

우물에 침 뱉지 말아야 한다. 다소 서운해도 굳이 들춰내 후벼 파지 말자. 회사에서 잘렸는데 무슨 소리냐고 할 수도 있지만, 과거보다 미래가 더 중요한데 스스로 발목 잡는 일은 애초에 할 필요가 없다. 치명적이지 않다면 덮어두고 묻어두는 것이 때로는 현명하다.

가급적 적을 만들지 말고 불편했던 사람이 있어도 형식적으로나마 이별할 때는 풀고 나가는 것이 바람직하다. 왜냐하면 그 사람들을 추후에 반드시 만나기 때문이다. 언제, 어떤 자리에서, 어떠한 관계로 만날지는 아무도 알 수 없지만, 만나는 것만큼은 확실하다. 외나무 다리에서 원수가 되어 만날 것인지, 어려울 때 도움을 주는 극적인 만남이 될지는 관계 설정 여부에 달려 있다. 그럴 때 그 사람이 내게 해가 되기보다 조금이라도 도움되는 관계라면 더 낫지 않겠는가.

기억해야 한다. 한번 맺은 인연은 출판계에 있으면 꼭 다시 본다는 것을.

반면, 이직할 때 대외적인 관계 문제는 크게 걱정할 필요는 없다고 본다. 거래처와 불편한 문제의 원인이 기존 회사의 정책과 관련된 것이라면, 이직해서 새로 만나 관계를 재설정하면 된다. 거래처도 회사 대 회사로 인지하고 그 사람을 대했을 테니 말이다.

'양금택목良禽擇木'이라는 사자성어가 있다. '어진 새는 나무를 가려서 둥지를 튼다'라는 의미로, 머물 곳을 고를 때는 그만큼 신중해야 한다는 뜻이다. 그런데 자주 이직하면서 회사를 옮길 때마다 이 고사성어를 인용하며 이직의 변으로 삼는다면 누가 수긍할 수 있을까.

이직에 관한 판단은 자신의 결심이겠지만, 여러 이유로 옮겨야 할 상황이 생긴다면 현명하게 판단하고 주체적으로 실행해야 한다.

② 작은 성공 경험을 만들자

자신감이 필요할 때 품고 있다 꺼내 써라.

어느 업계나 마찬가지겠지만, 직장생활에서 필요한 것 중에 하나는 자신감이다. 그런데 그것은 객관적인 퍼포먼스로 증명되어야 인정을 받음과 동시에 가슴 한편에 뜨겁게 자리 잡을 수 있다. 그러한 작은 성공 경험은 생각보다 힘이 세고 오래간다. 어떤 어려운 상황이 닥쳐도 '내가 이전에 이런 것까지 해냈는데, 이 정도쯤이야!' 하는 마인드를 가질 수 있다.

주니어 시절 출판사에서 『영혼을 위한 닭고기 스프 Chicken Soup for the Soul』류와 비슷한 책이 출간되었는데 매개체가 초콜릿이었다. 타깃독자가 연인들이었기에 타이밍이 중요했는데, 발렌타인데이가 지나서 책이 출간되었다. 마케팅 회의를 하면서 초콜릿과 책을 하나의 상품으로 묶어서 론칭하면 어떨까 하는 단순한 아이디어를 꺼냈다. 그런데 옆에 있던 다른 사람이 예산 등의 문제를 언급했다. 그래서 "초콜릿을 꼭 사서 할 필요가 있나요, 협찬을 받으면 되죠"라고 무심코 한마디 했는데, 그만 내가 그 프로젝트를 맡아서 진행하게 되었다.

그때부터 누구나 알 만한 초콜릿을 만드는 제과회사를 협업 대상에 올려놓고 어떻게 접근할지 고민하기 시작했다. 그러다 롯데제과 가나초콜릿의 TV 광고를 보게 되었는데, 놀랍게도 광고 콘셉트가 연인들의 사랑을 주제로 하고 있었다. 여기서 내가 특히 놀란 포인트는, 우리 도서의 콘셉트와 너무 부합해서가 아니라 가나초콜릿의 광고가 '사랑'을 다루고 있다는 점이었다.

사실 대부분의 초콜릿 광고는 달달한 연인들의 사랑을 주제로 한다. 그런데 가나가 오랫동안 잘된 이유는 그 틀을 깬 파격이 성공의 포인트였다. 바로 저 유명한 카피, "가나와 함께라면 고독마저도 감미롭다"로 대변되는 '고독'이라는 키워드였다. 긴 세월 동안 사랑받은 가나초콜릿의 아이덴티티를 사랑으로 바꾸기 시작한 것이다. TV 광고를 보면서 이러한 결론에 이른 것은 역시 '관찰의 힘'이라고 할 수 있다.

정현천 저자의 『다양성, 형평성, 포용성의 시대가 온다』에 이런 글이 있다.

"영국의 패션 발전에 기여한 공로를 인정받아 영국 여왕으로부터 기사작위를 받은 패션디자이너 폴 스미스도 '보이는 것은 아이디어의 원천이며, 응시하고 관찰하면 답이 보인다. 영감을 얻기 힘들다고 말하는 사람은 제대로 보지 않았기 때문이다'라고 했습니다. (중략)

관찰을 할 때 어려운 점은, 대상을 주변의 맥락 속에서 시간을 들여 관찰해야 한다는 점입니다. 주변과의 연관

성을 고려하지 않고 대상만을 바라보는 것은 의미가 없습니다. 모든 사물과 사실은 맥락 속에서 존재합니다."

그냥 쳐다보느냐, 관찰하느냐의 차이가 이렇게 크다.

왜 지금 가나 초콜릿은 고독이 아니고 사랑을 이야기할까? 오랫동안 지켜온 콘셉트의 변화를 주기 시작한 것은 아닐까? 그렇다면 이것은 회사 차원의 전략적 변화가 아닐까?로 연결되는 맥락으로 보았던 것이다. 일반 대중들은 초콜릿 콘셉트가 고독이든 사랑이든 그것은 중요하지 않고, 가나초콜릿이니까 구매하는 일이 훨씬 더 많을 것이다. 그런데 롯데제과 입장에서는 몇십 년을 유지해온 콘셉트의 변화이기에 분명히 내부적으로는 빅 프로젝트였을 것으로 생각했다.

이렇게 판단한 후, 나는 우리 출판사의 새 책과 코마케팅하면 당신들이 접근하지 못하는 문화적인 측면에서 소기의 성과를 거둘 수 있을 것이라는 제안을 하기로 마음먹었다. 여러 날 고심해서 작성한 제안서를 들고 롯데제과 본사 담당 과장을 찾아가 한껏 어필하고 왔지만, 대기업에서 뭐가 아쉬워서 작은 출판사에 협찬까지 할까 하는 의구심이 사실 더 많이 들었다.

당시 제안 내용의 핵심은 초판 1쇄에 한해 도서 띠지에 가나초콜릿 이미지와 카피를 넣어주기로 한 것이었다. 광고 메시지는 결국 책의 주제와 다르지 않을 테니 별 문제 없을 것이라고 보았고, 어차피 띠지는 초판 1쇄에 한해 제작하기로 했으니 우리의 협상 카드로 부담이 크지 않았다.

반면 롯데제과 입장에서는 띠지 광고가 책 표지에 바로 보여지니 광고 만족도가 높을 것이라고 판단했다. 아울러 주요 서점에 책과 가나초콜릿을 래핑해서 진열하겠다고 덧붙였다.

그런데 놀랍게도 며칠 후 롯데제과 영업용 탑차가 출판사로 왔고, 회사 대문 앞에 초콜릿 수십 박스를 쏟아놓고 갔다. 그것도 가나초콜릿뿐만 아니라 ABC초콜릿까지 넘치게 보내왔다.

이후 우리는 강북, 강남에 있는 대형 서점에서 책과 초콜릿을 붙여서 행사를 할 수 있었다.

그러면, 롯데제과는 왜 우리의 제안에 응했을까? 우리는 초콜릿을 원하는데, 롯데는 무엇을 원했을까? 그들이 마케팅하는 대상도 초콜릿을 사고, 책을 구매하는 독자들도 초콜릿은 산다. 그러니 그들의 메인 제품을 새로운 아이덴티티로 론칭하는 상황에서 우리의 제안이 나쁘지 않았던 것이다.

협상이라는 것이 1차적으로는 내가 원하는 것을 얻는 것이지만, 그러려면 상대방이 원하는 것을 또한 주어야 성사되는 것이다. 예를 들어, 나이 차이가 얼마 나지 않는 형제가 있다. 이 둘은 빵 한 덩어리를 가지고 어떻게 나눠 먹을 것인지 결정해야 하는데, 형은 자기가 형이니까 더 먹어야 한다고 주장하고, 동생은 자기가 더 배가 고프니까 더 먹어야 한다고 주장한다. 둘 다 협상의 대가들이 알려주는 '패자가 되지 않기 위한 지침' 대로 각자의 주장을 굽히지 않아서 결국 정확하게 반씩 나눠 먹기로 합의했다. 형은 자기 방으로 빵 반 덩어리를 가지고 들어가서 좋아하는 딱딱한 겉껍질을 뜯어먹고 부드러운 속 부분은 그냥 버린다. 동생도 자기 방으로 빵 반 덩어리를 가져가서 자기가 좋아하는 부드러운 속만 파먹고 겉껍질은 그냥 버린다. 이 경우에 누가 승자이고 누가 패자일까?

위 사례는 앞서 언급한 『다양성, 형평성, 포용성의 시대가 온다』에 나오는데, 정현천 저자는 '협상'이라는 것에 대해 다음과 같이 말한다.

"좋은 협상은 자기가 원하는 것에 대해서도 정확히 알고, 상대방이 원하는 것도 충분히 알 수 있을 때 이루어집니다. 같은 협상 테이블에 앉아 있더라도 충족시키고 싶은 '필요'는 사람마다 다릅니다. 협상이라는 것이 결국은 필요를 충족시키려는 것이므로 그 필요를 알기 전에는 제대로 충족시킬 수 없는 것입니다.

앞의 형제의 경우에도 각자 원하는 필요가 '빵'이라고 생각했지만, 자세히 들여다보면 그 필요가 조금씩 달랐습니다. 진정으로 서로가 원하는 것 또는 가치를 부여하고자 하는 것이 무엇인지부터 먼저 파악해야 합니다."

이처럼 상대가 원하는 것을 정확하게 인지하면, 그다음은 그것을 어떻게 매력적으로 줄 것인지 생각해야 한다. 협상은 상대를 굴복시켜 내가 원하는 것을 얻는 것이 아니기 때문이다.

『윌리엄 유리 하버드 협상법 Getting to Yes with Yourself』 내용 중에 '상호 이득을 위해 베풀어라' 부분에 아래와 같은 글이 있다.

"베푸는 태도를 기르는 첫번째 방법은, 타인을 위한 이익 창출이 어떻게 자신의 요구사항을 구체적으로 충족시키는 데 도움을 주는 일인지에 대해 감사하는 것이다. 베푸는 것은 손해 보는 것이 아니다. 베풀기의 첫번째 의미는 서로 이득이 되는 것을 찾는다는 의미로, 마치 나 스스로를 돕듯 남을 도와주는 것이다. 이것이 윈-윈 협상의 핵심이다."

어쨌든 결과적으로는 여러 운이 따라주어서 잘 되었다고 믿는다. 모든 것은 운이 돕지 않으면 완성될 수 없는 것이라고 본다. 개인적으로 감사하게 생각하는 지점은, 서점을 대상으로 늘상 하던 행위, 즉 서점을 방문하고, 책을 많이 받도록 영업하고, 진열 관리를 당부하고, 수금을 많이 해오는 출판 영업에서, 출판 마케팅의 맛을 살짝 본 새로운 경험을 했다는 점이다.

책이 얼마나 매력적인 고품격 아이템인지 다시 한 번 느꼈던 순간이며, '롯데제과와도 한 번의 미팅에 2장짜리 제안서로 일을 성사시켰는데, 그 어떤 회사와 무엇을 도모해도 못하겠냐'라는 자신감이 생겼다. 늘 하던 반복적인 업무가 아닌 대외 협력 프로모션을 성공시킨 첫번째 사례로 내게 각인되어 있다.

"되니까 한다가 아니라, 하니까 되더라."
때로는 무모함이 필요하다. WHY NOT 아니겠는가!

③ 직職보다는 업業이다

생각하는 방향이 다르면, 일의 가치가 달라진다.

마케터로서 현장에서 일하다 보면, 종종 남의 떡이 커 보일 때가 있다.

출판사마다 출간하는 책과 책을 만드는 환경도 다르고, 마케터를 대하는 마인드도 다르고, 책에 쓸 수 있는 비용 규모도 모두 다르다. 때문에 이런 요소들을 무시한 채 단순히 책의 퍼포먼스만 보고 부러워하는 경우가 꽤 있다. 그런데 이것도 피상적으로 보이는 것일 뿐, 실제로 영업이익 관점에서 잘했는지 못했는지는 관계자만 알 뿐이다.

매출 성과는 대외적으로 보이지만, 이면에 숨겨진 복잡다단한 스토리는 내부자만이 알 수 있는 것이다. 그러니 부러워만 할 대상은 아니다. 오직 참고해야 할 것이 있다면, '그 책은 왜 판매가 잘되었을까?' 하는 나름대로의 분석, 그리고 일시적인 판매 증가인지 지속가능하게 팔릴 것인지 계속 지켜보면서 관찰할 필요가 있다. 다른 사람의 좋은 성과를 내 처지와 비교해가며 부러워하지 말고, 오직 내 것을 더 잘하기 위해 다각적인 노력을 기울여야 한다.

누군가는 이러한 나를 자신과 비교하며 부러워하고 있을지도 모른다. 조건이 다른 상황에서 단순 비교는 무의미하며, 스트레스 지수만 올라갈 뿐이다. 내 성장에 전혀 도움도 되지 않고, 그저 시샘 가득한 생각만이 나를 지배할 뿐이다.

내가 비교해야 하고, 잘한 것은 잘한 대로 칭찬하고 못한 것은 못한 대로 분노해야 할 대상은, 오직 어제의 나밖에 없다. 마케터로서 성장하는 길은 남과의 비교가 아니라 내 업에 대한 궁리에서 시작된다.

직업職業이라는 단어는 직職과 업業의 합성어로, 직은 직장을 업은 업종을 의미한다. 직장인에게 직업은 일터이자 어떤 일로 밥벌이를 하는지의 두 가지 개념이다. 그러나 회사를 나와서 본인의 일을 하게 되면, 하나의 개념은 사라진다. 즉, 업만 남는 것이다.

그렇다. 직은 언젠가 끝나지만 (출판 업계를 떠나지 않는 한) 업은 계속된다. 미래를 생각하고 현재를 어떻게 살아야 하는지 명확하게 고심해야 한다. 지금 하는 일이 단순한 일이어도 내가 어떻게 생각하느냐에 따라 가치가 달라진다.

집을 짓고 있는 공사장에서 벽돌을 나르는 단순한 일도, 스스로 그 노동의 행위를 집의 초석을 쌓는 데 도움을 준다고 생각한다면, 그는 벽돌을 나르는 것이 아니라 집을 짓는 것이다.

직장생활을 하다 보면 때로는 마케팅 일만 하게 되지 않는다. 내게 다른 일이 주어졌을 때 그것을 어떻게 받아들이느냐는, 출판을 어떻게 바라보느냐의 문제와 같다. 그냥 주어진 일이니까 한다는 식이면 무료한 단순노동이 되고, 내가 출판 마케팅을 더 잘하기 위한 것으로 받아들인다면 유익한 경험이 될 것이다.

돌이켜보면 나도 창고에서 한 달 이상 일했던 경험이 있었기에 출판 물류의 흐름이나 책을 어떻게 관리해야 하는지 알게 되었고, 무엇보다 당장 우리 책의 출고 및 반품 상황을 한눈에 파악할 수 있었다. 그때의 경험이 내가 현장에서 일할 때 엄청나게 도움되었던 것은 두말할 필요가 없다.

또 어떤 때는 거래처와 장부를 맞춘다고 한 달 이상 거래처로 출퇴근을 했다. 왜 장부가 틀리는지 여러 이유를 찾아내 맞춰가다 보면, 역시 단순한 일이지만 새로운 의미를 발견할 수 있다. 거래처와의 또는 물류회사와의 소통 기술이 좋아지기도 한다.

나는 마케팅을 하는 사람인데, 창고에서 일한다든가 오랫동안 장부만 맞춘다는 것을 부정적 경험으로 해석하고 받아들이기 어려울 수도 있지만, 장기적으로는 다 내게 도움되는 일이라고 마음을 고쳐먹어보자. 실제로 해보면 모두 마케터의 업무와 무관하지 않다.

 현실적인 좌절이 있어도 곧 끝날 터널이라고 믿고 묵묵히 걸어가자. 앞이 보이지 않으니 걸을 땐 답답하겠지만, 지치지 않고 아니 지쳐도 다시 힘을 내서 계속 걷는다면 동굴이 아니라 터널이었음을 알게 된다. 우리 모두는 현재 어디에 서 있는지 모른다. 그래서 인생이 스릴 있고 소중한 것 아니겠는가!
 언젠가 나도 마음이 힘든 상황이었을 때, 친하게 지내던 사장님의 한마디가 가슴에 콕 박힌 적이 있다.
 "그럴 때일수록 은인자중 해야 한다."
 은인자중隱忍自重이란, 글자 그대로 풀면 '숨기고 참으며 스스로를 무겁게 여긴다'라는 뜻이지만, 당시에 나는 '좋은 날이 올 때까지 내색하지 말고 자신을 소중하게 여기며 칼을 갈고 있어라'는 의미로 받아들였다.
 우리는 업에 대한 비전을 가지고 포기하지 말아야 한다.
 아직 운도 오지 않았고 때가 되지도 않았다. 실력을 겸비하고 뚝심 있게 정진하는 사람에게 좋은 기회는 얼마든지 찾아온다. 언젠가는 오고, 분명히 오고, 공평하게 온다. 시차가 있을 뿐 오차는 없다. 세상사 모든 것이 그렇게 설계되어 있다고 나는 믿는다.

그럼, 마케터로서 업의 비전을 무엇으로 잡아야 할까?

마케터들이 그간의 경험과 관계를 토대로 출판 유통사나 물류사를 창업하는 경우가 있다. 그런데 가장 많이 하기도 하고 개인적으로도 권하고 싶은 것은 출판사 창업이다. 그러나 꼭 그것만이 답은 아니다. 여러 이유로 출판사를 창업하는 것이 본인과 맞지 않을 수도 있다. 그래서 많은 출판 마케터들이 조직에서 나가면서 업계를 떠나기도 했다.

최근에는 어떤가? 우리 주위를 둘러보면 마케터들이 퇴사하면서 할 수 있는 일들이 하나둘 새로 생기는 듯하다. 많이들 하고 있는 프리랜서 형식의 마케팅 대행 업무도 건건이 개별적으로 하지 말고 조직화하여 마케팅 전문대행사를 차릴 수 있다. 출판사는 많은 인력이 없어도 활발한 외주 협력 시스템으로 운영이 가능하기에 고정비가 부담되는 출판사는 언제든 외부 인력과 손을 잡을 수 있다. 그런 측면에서 본다면 마케팅 전문대행사뿐만이 아니라 디자인 전문대행사도 가능하고, 전자책 제작 및 마케팅 대행사도 가능하다. 모두 실제로 내가 아는 마케터 출신들이 운영하고 있는 회사이기도 하다.

그리고 온라인 플랫폼을 구축하여 출판사를 대상으로 광고를 수주받는 마케팅 회사를 차릴 수도 있다. 한때 유행해서 많은 출판사들이 적지 않은 돈을 써가면서 광고했던 카드뉴스를 만드는 업체들을 돌이켜보자. 지금도 유효하지만 그 시장이 형성되기 전 초창기에 시작한 회사들은 반짝이는 콘셉트만 가지고 무에서 유를 창조했다. 마케팅 효과만 좋다면 출판사들은 책 판매를 위해 투자를 아끼지 않는다는 점을 잊지 말자.

또한 변화하는 환경에 맞춰 출판사에 요구되는 새로운 무언가가 항상 있다는 것은, 언제든 또 다른 창업의 기회가 있다는 의미이기도 하다.

마케터로서 본인이 어떤 길을 걸었는지에 따라 새롭게 걸어갈 길은 다양하게 존재한다. 물론 모든 새로운 기회에는 어려움이 있고, 또 모든 어려움에는 새로운 기회가 있다.

이 책을 읽는 여러분 모두 희망을 가지고 계속해서 나아가는, 어려움이 있어도 돌파하는 마케터가 되기를 진심으로 응원한다.

출판 마케터에게 꼭 필요한 마인드셋과 최소한의 업무 지식
책을 마케팅할 때 알아야 할 10가지

초판 1쇄 발행일 2025년 9월 10일

지은이 박창흠
발행인 이광호
편집인 김인호
책임편집 박창흠
편집 박희연
디자인 주수현

발행처 한국출판인회의
등록 2005년 5월 4일 제2005-000094호
주소 서울시 마포구 동교로22길 44(서교동)
전화 02-3142-5808
팩스 02-3142-2322
홈페이지 www.sbin.or.kr
이메일 sbi@sbin.or.kr

ⓒ 박창흠, 2025
ISBN 978-89-91691-61-2 03320

• 책값은 뒤표지에 있습니다.
• 파본은 구입하신 서점에서 교환해드립니다.
• 이 책은 저작권법에 의하여 보호를 받는 저작물이므로
  무단 전재와 복제를 금합니다.